JN083876

災害に強い住宅選び

長嶋 修
さくら事務所

日経プレミアシリーズ

はじめに

ＩＰＣＣ（気候変動に関する政府間パネル）第５次評価報告書によれば、地球の温暖化傾向は明白であり、陸域と海上を合わせた世界の平均気温は、１８８０年から２０１２年の期間に０・85度上昇したそうです。

今後も世界全体で海洋温度は上昇し続け、水位は上がり、地表の気温も21世紀にわたって上昇するでしょう。現在、ＩＣＰＰは「第６次」の調査を行っていますが、この傾向におそらく変わりはないと思われます。

ＷＭＯ（世界気象機関）は、80年代以降の世界の気温を10年単位で見ると、常に気温上昇の傾向が見られることを指摘。さらに、「この傾向は続くと予想される」と警告しています。

気象庁によれば、温暖化が最悪のシナリオで進行した場合、21世紀末には、世界における台風の発生総数が30パーセント程度減少するものの、日本の南海上からハワイ付近およびメキシコの西海上にかけて、猛烈な熱帯低気圧の出現頻度が増加する可能性が高いと予測しています。そうなると、文字通り「想定外」の、さらなる頻度や規模の風水害が来るとみたほうがいいでしょう。

ロンドンの保険仲介大手エーオンによると、2010年代は自然災害による経済損失が世界で3兆ドルと、2000年代に比べ1兆ドル超増え、過去最大となりました。地域別で経済損失が最も大きかったのは、地震、津波、サイクロンなどの災害に見舞われたアジア太平洋地域で、全体の44パーセントを占めました。同社は「気候変動が今後もあらゆるタイプの気象現象に影響を与え、結果として都市化が進んでいる地域に影響が及ぶことが科学研究で示されている」という報告書を発表しています。

国土交通省は、一級水系について100~200年に一度の頻度で起きる豪雨に耐えられるように堤防整備を求めています。一方、国交省の技術検討会が2019年にまとめた提言では、今世紀末に世界の平均気温上昇が2度以下に抑えられたとしても、現状の計画では対応不十分になるとしています。

さらに今世紀末には100~200年に一度起きる豪雨の降雨量は、20世紀末の1・1倍になり、100年に一度の豪雨は50年に一度は起こることになると試算しています。すなわち従来の防災計画では対応できない豪雨が増えることになるとみているのです。

本書は、こうした想定外の自然災害リスクが高まる時代に、どのようにして不動産を選べばいいのか、マンションや一戸建てを購入する場合、防災の観点から何に気をつけるべきか、さらには被害を最小限に抑えるための事前対策、不幸にも被害に遭ってしまった場合の事後対策まで、不動産のプロたちが徹底解説するものです。

「プロローグ」「第1章」「第2章」「あとがきに代えて」を長嶋修、「第3章」を土屋輝之、「第4章」を田村啓、「第5章」は全員が担当しました。

本書が読者の皆様に少しでも役立つことがあれば幸いです。

２０２０年４月

著者を代表して

長嶋　修

目次

第3章

中庭がプールになって1階住戸が浸水
屋上に雑草がはびこって排水を妨げ、防水層にもダメージ
バルコニーの排水口の泥詰まりが原因で、マンションの上層階が浸水
防災リーダーの下、避難訓練や防災設備の確認などをしているマンションは強い
「入居者名簿」で要介護者を把握し、優先的に救助
防災意識が高いマンションは、資産価値が落ちにくい

第4章 こんな一戸建てに注意せよ

戸建ての大半を占める木造住宅は風水害の被害を受けやすい
ハザードマップで浸水深が予測されている区域では、床から浸水の恐れ
地下室や前面道路より下がった半地下の1階、スロープになった駐車場は危険
都市部の3階建てに多い「基礎の低い家」は、水害のリスクが高い
基礎にうがたれた「床下換気口」から雨水が入って、床下が浸水
「オーバーフロー管」がないバルコニーは危ない
2階バルコニーと建物の接続部から雨が入って1階の壁から浸水

編集協力　元山夏香

プロローグ　露呈した都市の脆弱性

相次ぐ激甚災害

近年、気候変動リスクが高まる中で、想定外の「激甚災害」が相次いでいます。

2019年9月5日に発生した台風15号は、規模こそ小型でしたが、最大風速57・5メートル／秒（アメダス千葉）と、観測史上最大級クラスの勢力で、9月9日に関東地方に上陸しました。千葉県を中心に猛威を振るい、東京と千葉で死者3名、1都6県（東京・神奈川・埼玉・千葉・栃木・茨城・静岡）で150名が重軽傷を負う事態となりました。千葉県市原市ではゴルフ練習場の支柱が倒壊して民家を直撃し、君津市では鉄塔2基が倒壊するなど、各地で倒木や建物損壊などの被害が見られました。

とりわけ被害が大きかったのは住宅です。1都7県（東京・神奈川・静岡・千葉・埼玉・栃木・茨城・福島　消防庁応急対策室）で「全壊」が391棟、「半壊」「一部損壊」が7万

6483棟、「床上・床下浸水」が230棟と、実に7万7104棟が被災しました。

筆者（長嶋）は被災から約3週間後、千葉県館山市の現場を取材しました。損害保険や各種支援制度を受ける根拠となる「罹災証明書」を発行するため、調査を行う館山市役所職員に同行し、多くの被災家屋を見て回りましたが、現場は「悲惨」の一言でした。

屋根が飛ばされた家屋では生活はできません。室内はカビやキノコだらけで感染症の恐れがあります。6300棟もが被災した同市では、停電や断水が長く続きました。多くの道路が倒木などで通行止めとなり、電車も不通となり陸の孤島になりました。人手が圧倒的に足りず、被災から数週間経っても住宅の被害調査や修繕は手つかずでした。

被害がここまで大きいと、復旧も遅れます。家屋の被害が集中した千葉県館山市・南房総市・鋸南町では、修理費の補助申請は約5500件ありましたが、19年末時点の補助金支給は計32件にとどまりました。18年7月の西日本豪雨以降、各地で災害が相次ぎ、工事業者が慢性的に足りない中での大規模被害だったからです。このため、多くの住民がブルーシートの屋根の下で年を越すことになりました。

館山市では小中学校の給食センターが復旧しておらず、おかずの支給ができていません。2020年9月にようやく再開する予定です。

観測史上最大の降雨量をもたらした台風19号

19年10月12日に日本に上陸した台風19号は、上陸直前の中心気圧が955ヘクトパスカル、最大風速は40メートル／秒と大型で、観測史上最大の降雨量をもたらしました。関東・甲信・東北地方などを中心に甚大な被害となり、死者99名、行方不明3名、重軽傷381名（内閣府非常対策本部、令和2年12月発表資料より）となりました。

神奈川県箱根町では、降り始めからの降水量が1000ミリを超え、10月12日の日降水量も全国歴代1位となる922・5ミリを観測。最も被害が大きかったのは福島県で、死者は32名に達しました。全国71の河川で実に135カ所の堤防が決壊。とりわけ阿武隈川や千曲川流域の堤防決壊では、多数の家屋が浸水しました。全国の被害は「全壊」3280棟、「半壊」「一部損壊」6万4705棟、「床上・床下浸水」3万9929棟と、実に9万棟以上が被災しています。

台風19号に伴う雨の特徴は、阿武隈川や千曲川などの流域全体に広く降ったことです。各所における雨量はそれほど多くなくても、総雨量が多くなりました。数十年かけて計画・実行される河川堤防整備は、過去最悪の災害発生時の雨量などをもとに河川ごとの流量や水位を計算、堤防の高さを決めます。しかし、台風19号のような例は過去になく、越水や堤防決壊が多発してしまいました。

また現行の整備計画も、用地買収の難航などから未完了の河川も多数存在します。

浸水被害は「セレブの街」として人気の高い住宅地、JR武蔵小杉駅周辺（神奈川県川崎市）のタワーマンションエリアも襲いました。十数棟あるタワマンのうち2棟が、川の水位が上がったことで排水管から逆流するいわゆる「内水氾濫」によって、地下階の電気関係設備が浸水、各戸の電気とエレベーターが止まりました。高層階を階段で上り下りしなくてはならないうえに、水道ポンプが被災し、水やトイレも利用できない事態が長く続きました。

一般にタワマンの電気設備は地下階にあることが多く、水が流れ込むと建物全体の電気系統は機能不全に陥ってしまいます。大規模地震に備え、地震の揺れを受け流す「免震構造」や、揺れを吸収する「制震構造」「高強度コンクリート」の使用といった対策が施されたタワマンは「災害に強い」イメージがありましたが、それはあくまで「地震に強い」というだけで、「水害」に対しては脆弱であることが露呈しました（第3章参照）。

新幹線の車両基地が水没

台風19号では、北陸新幹線の長野車両基地が水没しました。１２０両が廃車に追い込まれ、ＪＲ東日本は約１４８億円の損失を計上しました。国土地理院地図を見ると、車両基地の周囲は「旧河道」や、洪水で運ばれた砂や泥などが河川周辺に堆積したり、過去の海底が干上がったりしてできる「氾濫平野」であり、河川氾濫や軟弱地盤による液状化リスクがあるところでした。

こうした土地に車両基地があったにもかかわらず、大雨への対策やマニュアルなどは存在しなかったようです。

国土交通省によると、台風19号で決壊した堤防は全国で１４０カ所。その多くが川の水が堤防を乗り越える「越水」などによる氾濫とみられています。

18年の「西日本豪雨」による被害も記憶に新しいところです。西日本を中心に北海道や中部地方を含む全国的に広い範囲で集中豪雨が発生し、総降水量は四国地方で１８００ミリ、東海地方で１２００ミリ、九州地方で９００ミリ、近畿地方で６００ミリ、中国地方で５００ミリを超える雨量を記録しました。多くの地点で48時間、72時間雨量の観測史上最大値を更新。川の氾濫や土砂災害などで263人の命が失われたほか、行方不明者8人、負傷者は484人（重傷141人・軽傷343人）でした。

約1万8000棟の住宅が全半壊。一部損壊は4000棟を超え、床上・床下浸水は約2万8000棟に上り、現在でも多数の世帯が応急仮設住宅やみなし仮設住宅での生活を強いられています。

住宅地が大規模冠水した岡山県倉敷市真備町では、倉敷市が作成していた洪水ハザードマップの「洪水浸水想定区域」と被害がおおむね一致。広島県熊野町川角の土砂災害現場も「土砂災害警戒区域」と重なっていました。広島市安佐北区口田南5丁目の現場も土砂の流出方向などが一致。愛媛県宇和島市吉田町白浦の被災現場も同様に「土砂災害危険箇所」と指定されていました。

ハザードマップの内容を理解していた人は4分の1だけ

兵庫県立大学の阪本真由美准教授が行ったアンケートによれば、真備地区においてハザードマップの存在を知っていた人は75パーセント、その内容を理解していた人は24パーセントにとどまりました。また静岡大学の牛山素行教授の調査によると、洪水可能性がある低地居住者の70パーセントが、洪水の危険性を楽観視していたそうです。また、「避難しなかった理由」について、「危険性は低いと思っていた」「これまでに被害がなかった」という回答がそれぞれ80パーセント超を占めました。

また51人が犠牲になった真備町では、犠牲者の多くが高齢者でした。行政が情報提供をするだけでは被災者を救えないという厳しい実態が見えます。

北海道地震で液状化被害

18年の「北海道胆振東部地震」では、建物被害が1万件以上ありました。うち住宅については全半壊1341棟、一部損壊7404棟（18年10月4日現在）に及びました。

札幌市内で特に被害が大きかったのが、清田区里塚地区です。札幌市南東部の丘陵地帯にあるこの住宅地では、道路の陥没やマンホールが突き出たり、建物や電柱が大きく傾くなどの甚大な被害を引き起こしました。

国土交通省が公表した「札幌市清田区の地形復元図」（地形分類図）によれば、被害が大きかった地区は「氾濫平野・谷底平野」でした。この地形は一般に低地にあり、水分を多分に含んで液状化しやすく、地盤も弱くて建物が傾きやすい、いわゆる「谷埋め立て地」とされる土地です。

被害が大きかった地区には、以前川が流れており、フタがかけられて外からは見えない水路になっていました。被害はこの川と谷筋沿いに広がりました。

一般に、建物を建てる際には地盤調査を行い、必要に応じた地盤改良を行うことになっています。しかし、これは２０００年6月の建築基準法改正によって事実上義務付けられたものので、それ以前の住宅地では、地盤調査も、ましてや地盤改良も行われていないケースが多くありました。

ハザードマップの区域外でも被害があった17年の九州北部豪雨

17年の「九州北部豪雨」では、福岡・大分県を中心とする九州北部で集中豪雨が発生。停滞した梅雨前線に向かって暖かく非常に湿った空気が流れ込んだ影響により、線状降水帯が形成・維持され、同じ場所に猛烈な雨が継続して降りました。

総降水量は多いところで５００ミリを超え、７月の月降水量平年値を超える大雨となりました。また、福岡県朝倉市や大分県日田市などで24時間降水量の値が観測史上１位の値を更新するなど、これまでの観測記録を更新する大雨となりました。各地で河川の氾濫、浸水害、土砂災害などが発生し、甚大な人的被害、物的被害が発生。死者は福岡・大分両県で40人、行方不明2人、住宅被害は全半壊1432棟、一部破損44棟、床上・床下浸水1661棟に上りました。

この災害では、ハザードマップでリスクが想定された域内はもちろん、区域外にも被害があり、ハザードマップの限界が露呈しました。土砂災害と河川の氾濫が複合することで、甚大な被害をもたらしたのです。

15年の関東・東北豪雨、常総市で鬼怒川が氾濫

15年の「関東・東北豪雨」では、関東北部から東北南部を中心に24時間雨量が300〜550ミリという豪雨になり、大規模な被害が発生しました。80河川で堤防決壊、越水や漏水、溢水、堤防法面の欠損・崩落などが発生、死者は20人、負傷者82人、住宅の全半壊7171棟、一部破損384棟、床上・床下浸水は約1万6000棟に上りました。

茨城県常総市で鬼怒川が氾濫した衝撃的な映像を覚えている方も多いでしょう。観測史上最大流量となる毎秒4000立方メートルという記録的な水量を、下流部が受け止めきれなかったことで、付近の約40平方キロメートルが浸水しました。特徴的なのは堤防が崩壊した

プロセスで、川から溢れた水が堤防を削る「越水破堤」でした。

溢れた水が町側に流れ、町側から反対に堤防側へと水が戻ることによって堤防が削られ、小規模な堤防の崩壊が続き、やがて大きく決壊していったと考えられています。

自衛隊などのヘリコプターで救助された人は茨城県内で約1339人、ボートなどで救助された人は2919人。浸水域は常総市が作成したハザードマップとほぼ一致していました。中央大学の調査によると、常総市の約60パーセントの住民が「ハザードマップを知らない・見たことがない」と回答していました。浸水が解消されるまでには10日間かかりました。

74名が亡くなった広島の土砂災害

14年8月、「数百年に1回程度よりはるかに少ない確率」で発生した記録的集中豪雨で、広島市の3時間降水量は217・5ミリ、24時間降雨量は257ミリと観測史上最高を記録、同時多発的に大規模な土石流が発生しました。

国土交通省によれば、土砂災害による死者数は74名と、過去30年で最大でした。山から運ばれた土砂が堆積してできた斜面は、住宅地になる前は棚田や段々畑だったところが多く、高度経済成長期の圧倒的な住宅不足の中で、開発されてきた地域でした。

もっとも大きな被災地となった広島市安佐南区八木・緑井では、土砂災害危険箇所についてのハザードマップが作成され、警戒区域の基礎調査を終え県が住民説明会を準備していたところでした。

八木地区の一帯は、以前「蛇落地悪谷《じゃらくじあしだに》」と呼ばれ、竜がいて、その首をはねたところから「蛇落地」、水害が多いことから「悪谷」と呼ばれていたそうです。

増え続ける自然災害

19年6～7月にかけて、南九州では宮崎県えびの市で総降水量1000ミリを超える豪雨に見舞われました。18年7月の豪雨では、広島県、岡山県、愛媛県など西日本を中心に大規模な土砂災害や浸水が発生し、14府県で死者数は224人。防災白書（内閣府、令和元年版）によると、04年10月の台風23号、11年8～9月の台風12号による豪雨で、それぞれ98人の死者・行方不明者が出ています。

ここまで挙げたのは、被害の一例にすぎません。台風のエネルギー源は海面温度の上昇による水蒸気です。歴史的にみると、数千年間に1度程度の気温上昇がありましたが、直近では100年に1度上昇しています。

世界経済フォーラム（WEF）が公表した「グローバルリスク報告書2020」によれば、今後10年間に発生する可能性の高い上位5位のリスクは、①異常気象、②気候変動の緩和・適応の失敗、③自然災害、④生物多様性の喪失と生態系の崩壊、⑤人為的な環境災害で、すべて「環境」に関連するリスクです。

さらなる気候変動が待ったなしの時代に、私たちは不動産との向き合い方を考え直さなければなりません。

第1章

不動産の災害リスクは自己責任である

東京23区の3分の1が浸水する

東京都が2018年に公表した浸水のシミュレーションは衝撃的でした。大型台風や低気圧が接近すると、海水面（潮位）が平常時より高くなる「高潮」が発生します。この「高潮」による氾濫によって想定される、浸水危険性を表す「高潮浸水想定区域図」です。

それによると、東京23区の3分の1の面積にあたる約212平方キロメートルが浸水。堤防決壊などで、浸水の深さは最大で10メートル以上。約84平方キロメートルの広範囲にわたって1週間以上水が引かない地域が発生します。

17区で住宅などが水に浸かり、大手町や丸の内、新橋、銀座の一部など、都心のオフィス街や繁華街も浸水、昼間人口約395万人に影響が及ぶ見込みです。

中央防災会議は、利根川や荒川などの堤防が決壊し、東京湾で大規模な高潮が発生した場合、最大約7600人の被害者が出ると想定。土木学会では、東京で洪水や高潮が発生した場合、建築物などの資産被害の総額は64兆円に上ると推定しています。

関西大学社会安全研究センターの河田恵昭センター長は、荒川が氾濫した際の復旧には数年かかり、経済的被害額は90兆円と試算しています。いずれにせよ18年に過去最大の被害を

東京都高潮浸水想定区域図［想定最大規模］（浸水深）

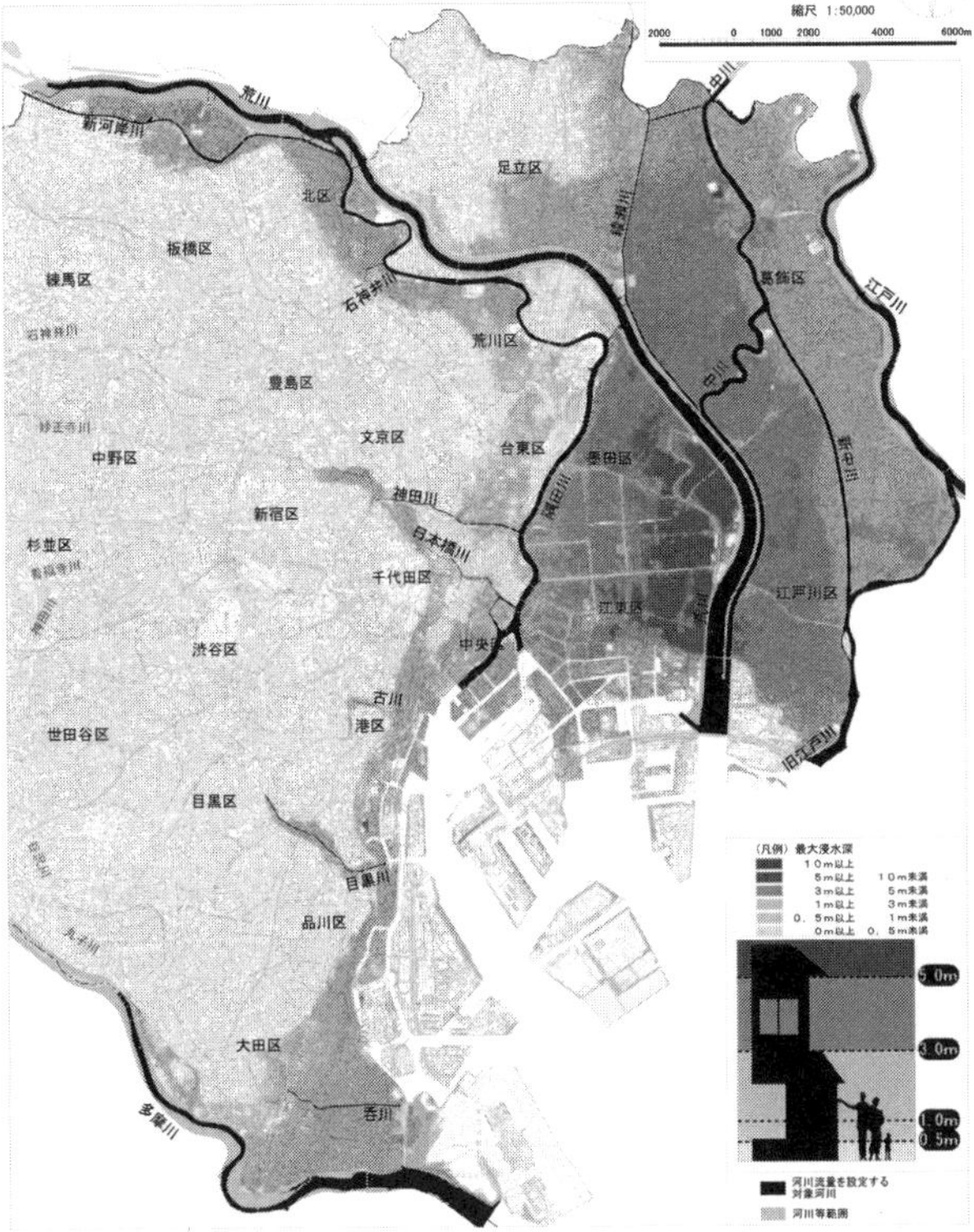

（出所）東京都

もたらした西日本豪雨の1・1兆円をはるかに上回る規模となります。

「ここにいてはダメです」——江東5区の危険性

東京23区の中でも、とりわけ大きな被害が想定されるのがいわゆる「江東5区」（墨田・葛飾・江戸川・江東・足立区）。東京都の試算によれば、墨田区は99パーセント、葛飾区は98パーセント、江戸川区は91パーセント、江東区は68パーセント、足立区も50パーセント以上が浸水します。

そうした中、江戸川区から衝撃的なメッセージが発信されました。

「ここにいてはダメです」。

江戸川区の「水害ハザードマップ」の表紙にはそう書かれています。

「巨大台風や大雨による河川氾濫や高潮の発生で、排水が間に合わなくなると〝区内のほとんどが水没〟する」と記されています。

明治から高度経済成長期にかけての東京東部地域では、地下水のくみ上げや天然ガスの採取などによって地盤沈下が進行、最大で4・5メートルも沈下した地域もありました。圧倒的な住宅不足の中で、地盤沈下を考慮しない市街化、過密化が進行した結果、海抜ゼロメー

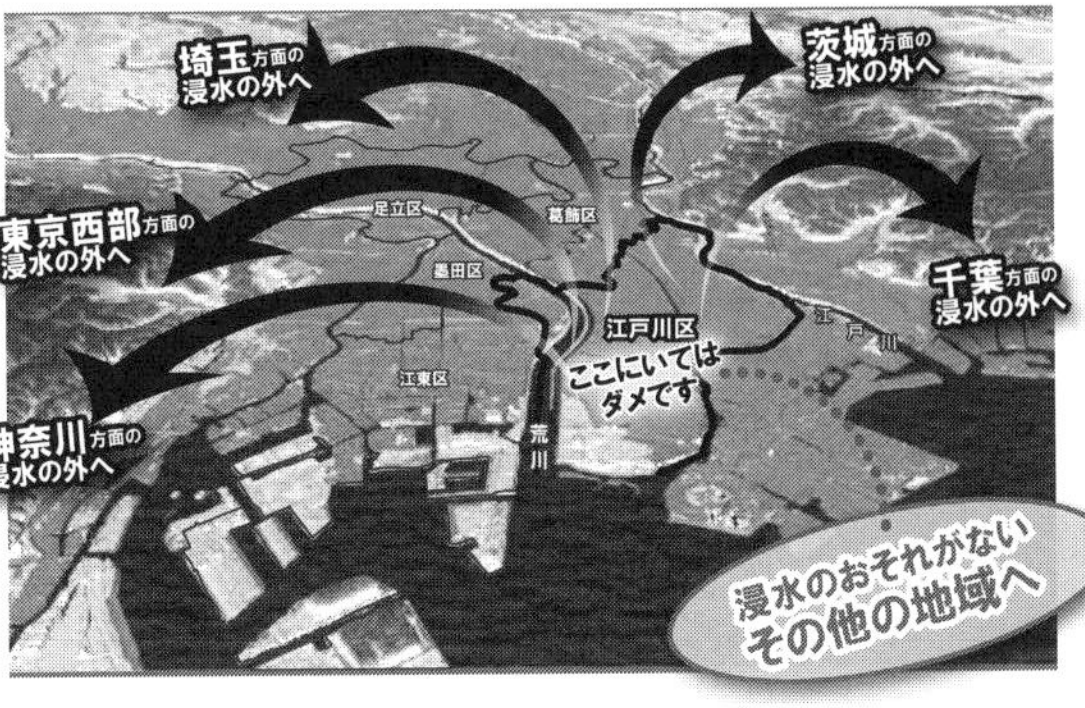

（出所）東京都江戸川区

トル以下の広域な市街地（「広域ゼロメートル市街地」）が形成されてきました。

墨田区、江東区、足立区、葛飾区を含む、「江東5区」の被害想定は250万人と、約258万人が住む地域の90パーセント以上が被害に見舞われるわけです。

この海抜ゼロメートル地帯を守っているのは堤防1本のみ。とりわけ江戸川区は荒川や江戸川など大河川の最下流に位置しているため、江戸川区には関東地方で降った雨の大半が集中します。そもそも江戸川区は陸地の約70パーセントが満潮時の海面よりも低い、ゼロメートル地帯どころか「マイナスメートル地帯」になっています。JR平井駅周辺などはなんと海抜マイナス2・5メートルです。

そこで江東5区では「最大10メートル以上の浸水

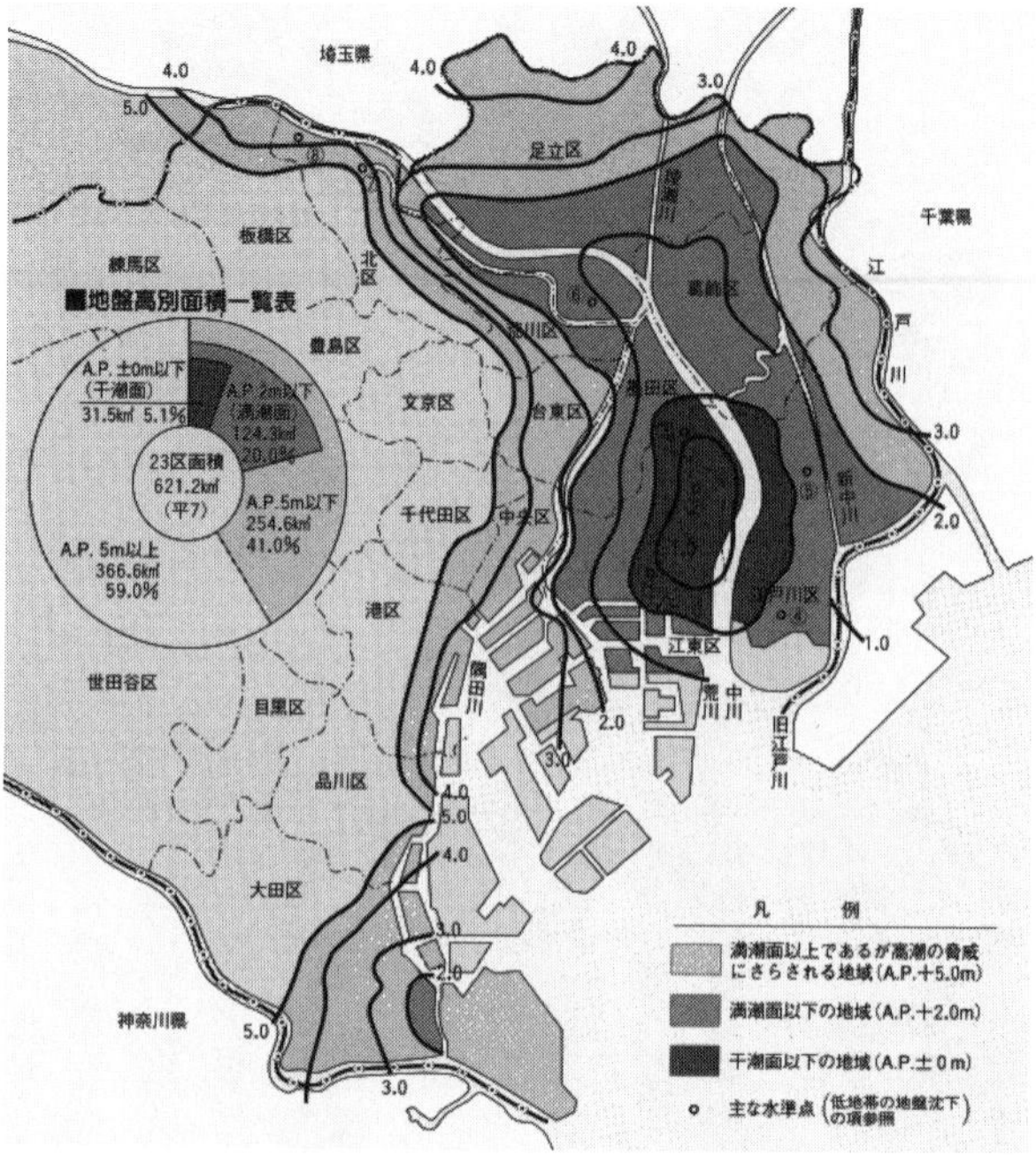

（出所）東京都建設局河川部発行パンフレット

が１～２週間以上続く」といった前提で、「３日前には、江東５区で共同検討を始める」「２日前には、自主的な広域避難を呼びかける」「１日前には広域避難勧告を出す」「９時間前には、緊急的に小中学校や建物の高層階に垂直避難を呼びかける」としています。

しかし、一口に「避難」といっても、そう簡単ではありません。２５０万人が一斉に動き出せば、自動車は大渋滞に巻き込まれ、道路に溢れる歩行者は将棋倒しになるなどのリスクがあり、大混乱は必至です。

バスや鉄道などの公共交通のダイヤは暴風や浸水などで乱れ、運行停止になれば利用できなくなります。江戸川区としては「タイミングを逃さないよう積極的に情報収集しましょう」とアナウンスするだけです。

江東５区の最大の弱点は、京成本線の荒川鉄橋付近の堤防（京成関屋～堀切菖蒲園間）です。鉄橋があることで周辺の堤防よりも３・７メートル低いために、洪水時の危険性が高くなっています。

１９３１年に完成したこの鉄橋は建設当時、堤防より高く設置されましたが、高度経済成長期に工業用地下水のくみ上げや天然ガス（メタン）採取などで最大約４・55メートルの沈下、鉄橋付近では約３・４メートルの地盤沈下が確認されました。

国は堤防のかさ上げ工事を行いましたが、鉄橋部分はそのままでした。19年に発生した台風19号では、荒川の観測所で過去最高を上回る水位を記録したこともあって、墨田・江東・足立・葛飾・江戸川の江東5区長が連名で「京成本線荒川橋梁架替事業推進の要望書」を赤羽一嘉国土交通大臣に提出、橋梁架け替えに伴う堤防強化の早期実現を要請していますが、実現はまだ先のこととなるでしょう。

高級住宅地にも浸水可能性がある

関東の地盤はおおまかにいって皇居の西側が強く、東側が弱い傾向にあり、この傾向は栃木県あたりまで続きます。これははるか昔の地形が影響しており、地盤の弱い土地は古くは海だったところです。

では、皇居の西側なら安心かというと、必ずしもそうではありません。例えば、筆者（長嶋）が創業したさくら事務所は、渋谷区桜丘町にあります。周辺の地形分類は「山地」「台地・段丘」と非常に盤石で、標高も高く浸水や液状化の可能性は低いのですが、少し歩けば「氾濫平野」が広がっています。

同様に、周辺の「南平台」「鉢山町」「代官山町」といった高台の高級住宅地に、標高が30

（出所）国土地理院地図

メートル程度でも「大雨で雨水が集まりやすく、浸水のおそれ。地盤は軟弱な場合がある」とされる「凹地・浅い谷」が存在します。地盤の強弱や水害の可能性は「地名」によってある程度わかると言われますが、「丘」「山」「台」という地名がついていても、実態は千差万別で、中にはハザードマップで浸水可能性が指摘されているところがあります。

　このように地形というのは、個々によく調べなければわかりません。「浸水」や「洪水」というと、江東5区や海沿いの低地がイメージされますが、浸水の可能性がある地域は標高の高い内陸部にも存在します。そして、そうした地域にも一戸建てやマンション、アパートなどが当たり前に建設されています。

たとえば、東京内陸部にある世田谷区の標高は25〜50メートル程度と高いのですが、起伏が非常に激しく、ハザードマップを見ると、浸水可能性のある地域が多数存在します。

ハザードマップで黄色になっている地区では大雨が降った際に0・2〜0・5メートル浸水する可能性があります。水深0・5メートルになると車が浮いて、パワーウィンドウが作動せず、車の中に閉じ込められて、非常に危険な状態となります。

水色の地区では1〜2メートル、青色の地区では2メートル以上の洪水が予想されています。原因は「ゲリラ豪雨等による多摩川の氾濫」です。東京など都市部の場合、雨水の排水処理能力は1時間あたり50〜60ミリ程度を想定していますが、それを超えて処理しきれない分は路上に溢れ出します。昨今のいわゆる「ゲリラ豪雨」と呼ばれる大雨は、時間あたり雨量が100ミリを超えることも少なくありません。こうした排水能力を超えた大雨に見舞われた際、排水路から雨水・下水が溢れ出します。たとえ標高は高くても周辺の土地に比べて相対的に低い所に水が集中します。

2005年9月、東京都杉並区では時間雨量110ミリを超える集中豪雨が発生、内水氾濫と河川の氾濫が並行し、大きな被害がもたらされたのは記憶に新しいところです。また、

1999年7月、新宿区では時間雨量131ミリというすさまじい集中豪雨によって住宅地が冠水、水没した地下室に男性が閉じ込められて亡くなりました。水圧によって外階段へのドアが開かず、エレベーターも動きませんでした。

浸水可能性が高い立地にある建物は、基礎を高くするなどの工夫が施されていればいいのですが、建物の容積率を稼ぐために、地下や半地下を備えた一戸建てやマンションが多数存在します（第3章、第4章参照）。こうした半地下物件は、一戸建ての場合数万円の「ポンプ」で排水処理を行うことになっていますが、このポンプの処理能力は十分でしょうか。壊れたり、停電で止まったりしたらどうなるのかという心配もあります。もし100ミリ以上のゲリラ豪雨に見舞われたら浸水は確実でしょう。

実際、世田谷区深沢では、ここ数年の大雨で複数回にわたって浸水した一戸建てが存在します。台風19号で被害のあった武蔵小杉のタワーマンションのように、排水管から水が逆流する可能性もあるでしょう。

都市化の進んだ市街地ではゲリラ豪雨のような局所的豪雨によって、下水道の排水処理能力をオーバーし、排水が逆流して浸水する地域が増えています。これまでは土に浸透していた雨水が、地面がアスファルトやコンクリートなどで覆われたことで、浸透しにくくなって

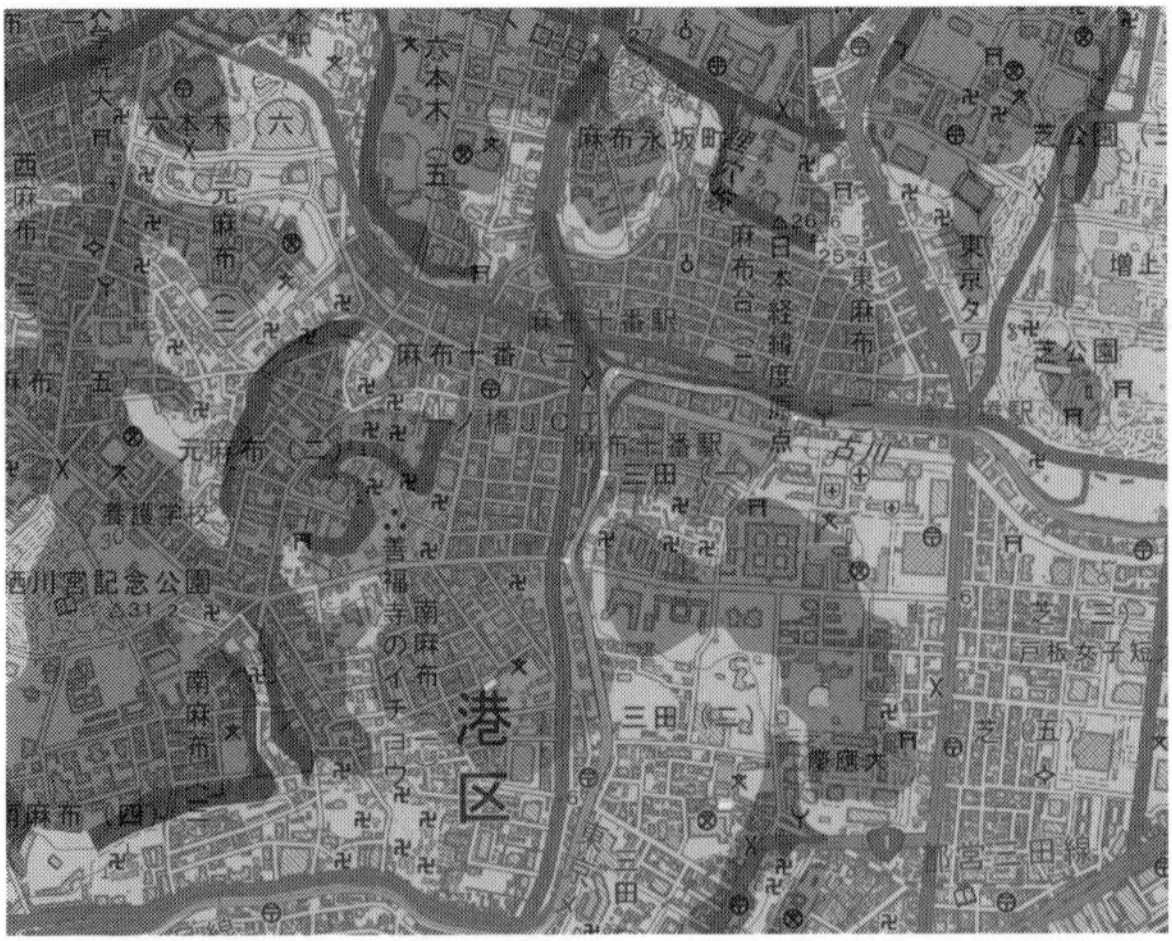

（出所）国土地理院地図

いる影響もあります。

過去に浸水した履歴のある地域ならば、新築時に止水板などの防水装置が備えられているところもあります。一方でハザードマップに浸水の可能性が示されているエリアでも、過去に浸水履歴がなければ対策がなされていない新築物件も多数存在します。

東京都港区の麻布十番と言えば、芸能人も多く住む人気の街です。しかし、地下鉄の麻布十番駅周辺は「後背低地」で、地下水位が高く、周辺地より標高も低いため、排水性が悪く水害を蒙りやすい地域です。地質も軟弱で地盤沈下の恐れがあり、地震動に弱いところです。

港区には他にも南青山、西麻布、白金台、溜池山王などの高級住宅地がありますが、いずれも2メートルの浸水が想定されている地域です。

もちろん各所で随時対策が進められています。例えば渋谷区恵比寿南3丁目、恵比寿西1丁目付近では、過去に多くの浸水被害が発生したのを受け、浸水対策事業として、雨水貯留管新設工事が行われました。それ以降浸水はしていません。ただし、こうした対策は万全ではありません。今後気候変動はますます激しくなることが予想されます。対策を怠ってはなりません。

被災しても自己責任で修復するしかない

台風19号で浸水被害のあった武蔵小杉のタワーマンションは、修繕のコストが莫大なものになったと思われます。とりわけ電気系統の設備は水に弱く、修理できるとしても、一度浸水した設備が長期的に使用できるかどうかは不透明です。

また、水没被害を火災保険の「水災補償」で賄えるかどうかは、所有者で構成するマンションの管理組合が、どのような保険に加入しているかによります。水災補償は火災保険の「オプション」です。補償範囲は保険会社によって異なりますが、一般的に「床上浸水」を基準としていることが多く、今回のように内水氾濫で地下階が被災した場合、適用されるかどうかわかりません。

「日常的にマンション管理を担っている管理会社の責任を問うべきだ」という指摘もあります。しかし、管理会社は管理組合に代わって業務を代行し、管理費を徴収している委託先に過ぎません。契約などで定められているはずの対応に不備があったなど、明確な業務上過失でもない限り、責任を追及するのは難しいでしょう。

同様に、売り主であるデベロッパーに対する責任追及も、設計や工事に明白な不備やミスがあることを管理組合側が立証できなければ困難です。

だとすれば、修理費用は管理組合の「修繕積立金」から捻出することになります。しかし、修繕積立金は建物や設備の老朽化に備えるための資金であり、大規模災害による修繕は想定していません。もし修繕積立金に手をつければ、マンションの長期修繕計画に支障が出るのは必至です。

ただでさえ高額なタワーマンションの修繕積立金に、さらなる負担金が加算されることになります。

タワーマンションの電気系統設備は普通のマンションよりも大きく、重量があります。地上階は分譲戸数を増やしたいデベロッパーの都合から、電気設備は地下にあるのが一般的です。関西国際空港が18年の台風で停電に遭った後、地下の電源設備を地上に移設しようとしているのと同様に、今回の被災を受け、一部のタワーマンションは地下の電気設備を地上階に移動できないか検討しています。

しかし、それはスペースがあってこそできることです。上階に十分な空間がなければ、電気設備の移動は難しくなります。

電気設備の周りに水をせき止める止水版を設置するなどの予防策を検討しているところもあります。しかし、地下における対策は万全ではありません。

武蔵小杉の被災したタワーマンションを含む12棟は連名で、福田紀彦川崎市長に、再発防止策として、「完全な逆流防止策」「緊急連絡や避難場所の確保」「マンション予備電源の高層階移設への支援」などを盛り込んだ要望書を提出しました。今後の再発防止策とその効果が気になるところです。

不十分なハザード情報の開示

不思議なことに、浸水可能性のある地域は、そうでないところと比べて、地価（不動産価格）に大きな違いが出ていません。その理由は、「多くの人がハザードマップなどの災害関連情報に無頓着だから」です。

プロローグで紹介した被災地の多くの住民が、「ハザードマップを見たことがない」と回答していました。筆者が19年11月にツイッター上で行ったアンケート（2万3700人参加）では、不動産取引の際にハザードマップの説明を「受けた」と回答した人は10・8パーセント、「受けていない」は43・0パーセント、「よくわからない。忘れた」は46・1パーセントでした。

宅地建物取引業法において、現状、不動産の売買・賃貸時に浸水想定区域などについて説明する義務はありません。情報開示の姿勢は取引現場によってまちまちです。浸水リスクが不動産価格に反映したり、金融機関の担保評価に影響を与えていることはありません。

相次ぐ災害被害を受け、全国知事会は19年7月、不動産取引の際にハザードマップを提示するなど、浸水リスクの説明を義務付けるよう国に提言する決議を行いました。政府は不動産業界団体にハザードマップの説明をせよと通知を出すだけの、「お願い」レベルにとどまっていたからです。

筆者が国交省に確認したところ、義務化をしない理由は「すべての自治体がハザードマップを公開しているわけではないから」でした。これは低いレベルに全体を合わせる典型的な悪平等主義です。

また業界には「ハザードマップの説明を義務化したら、資産価値の下がる地域が出てしまう」と懸念する声もあります。要は「臭いものにはフタをしろ」というところでしょうか。

こうした中、国土交通省は２０２０年1月、ようやく重い腰を上げ、不動産売買・賃貸時にハザードマップを提示し、リスクを具体的に説明することを義務付ける方針を公表しました（導入時期は未定）。

浸水リスクと同じく、「活断層の所在」や「地盤」「土地高低差」「液状化の可能性」「建物の耐震性能」なども物件価格に反映されていません。「自治体の防災意識」や「コミュニティの成熟度」も同様です。

不動産広告にもこうした項目は入っていませんし、売買契約書や重要事項説明書にも記載はありません。私たちは日本の不動産市場はこの程度の成熟度で、発展途上の段階であることを、知っておく必要があります。

ハザードマップに限らず、不動産取引履歴をはじめ各種不動産情報は、国、都道府県、市区町村、法務局、上下水道局などに分散しており、個別物件の情報を幅広くきめ細かく調べるのが困難という事情もあります。

自治体が危険地域に居住誘導

わが国はこれから本格的な人口減少・少子化・高齢化社会に突入します。国立社会保障・人口問題研究所の推計によれば、現在約1億2600万人の人口は5年後の2025年に1億2254万人、10年後の2030年には1億1912万人、2040年に1億1091万人と急激に減少、2053年には1億人を割り込みます。人口70万人程度の大都市が、毎年1つずつ消滅していくペースです。

人口が減ると自治体の主要財源である住民税が減り、人口密度が下がると、上下水道のインフラ修繕やゴミ収集、北国では除雪などの行政サービスの効率が極端に落ち、税金のムダ使いが増えます。その分、税金を上げれば解決はできますが、事実上不可能でしょう。

また、空き家が一定以上増加すると地域は荒廃し、犯罪の温床となるなど、街の価値を著しく毀損します。ひいては不動産の資産性を失わせることにつながり、それは自治体の主要財源である固定資産税収入の低下を招きます。

これまでの自治体経営は、人口増加を基調として、右肩上がりの経済成長の中で策定した総合計画に基づいていました。しかし、これからは人口と税収減を前提に、多様で高度化する住民ニーズに応えられる自治体経営を行っていかなければなりません。

行政がすべての公的サービスを提供するには限界があります。これまで以上に「選択と集中」の政策と、最適な財政運営により自治体経営力を高めつつ、持続可能なまちづくりを目指していく必要があります。

そのため、街を「人が集まって住むエリア」（居住誘導区域）と「そうでないエリア」に思い切って分類し、行政の効率や暮らしやすさを維持する「立地適正化計画」を、全国1741自治体のうち477の自治体が策定（19年7月現在）するようになっています。

人口・世帯数減少や自治体運営に対する危機感は、田舎のほうが強いと思いますが、今後リスクが浮上するのは大都市の郊外です。都市の中心部から30〜40キロ圏内、ドア・ツー・ドアで1〜1・5時間かかる、「ベッドタウン」と呼ばれる地域です。団塊の世代を中心とする人たちが一斉に住宅を求めて移り住んだ郊外は、新たに若年層の流入がなければ、人口高齢化が加速します。

こうしたベッドタウンを抱える自治体の多くは、事態の深刻さを理解しています。例えば、埼玉県ではさいたま市、川越市、志木市、戸田市、春日部市など、千葉県では松戸市、柏市、流山市、神奈川県では横須賀市、相模原市、藤沢市などが、立地適正化計画に乗り出しています。

人口増が続いている東京23区で、この計画に着手しているところはありませんが、安心できません。現在は人口増が続く世田谷区のような自治体であっても、いつかは人口・世帯減の局面がやってきます。世田谷区は全国最多の約5万戸の空き家を抱えており、いずれ立地適正化計画を運用しなければならなくなるでしょう。

各地の取り組みの中で面白いのは、埼玉県の毛呂山町です。同町の立地適正化計画は「20年後に公示地価を10パーセント以上上昇させる」と謳っています。人口は20年で17・9パーセント減少しますが、立地適正化政策によって人口密度を保ち、同時に投資を呼び込むことによって地価上昇につなげる狙いです。こうした宣言は欧米の自治体では当たり前のように行われていますが、日本では初の試みです。

一方で、こうした取り組みの中に、大きな問題が含まれている例があります。「人口密度を維持ないしは増加させ、生活サービスやコミュニティが持続的に確保できるよう居住を誘導する」という名目の「居住誘導区域」の中に、災害可能性のある地域が多数含まれているのです。

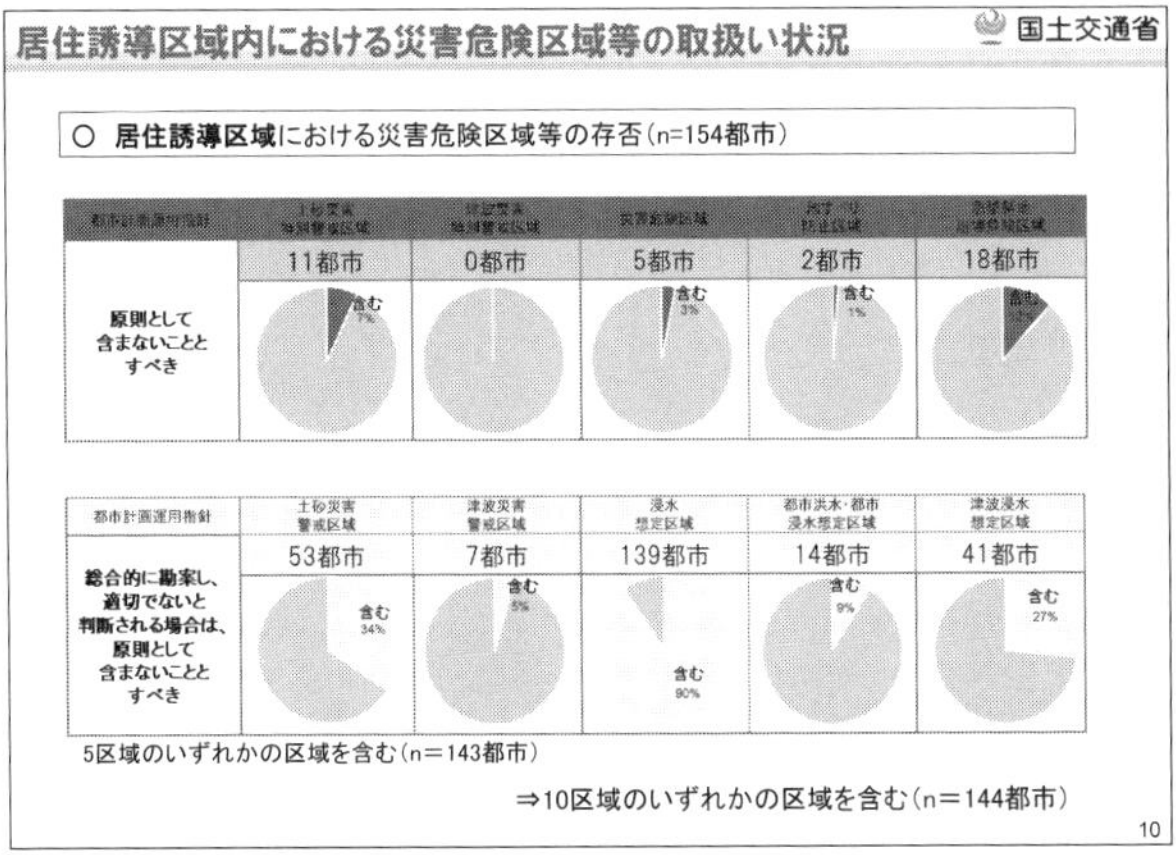

（出所）国土交通省

国土交通省が作成した立地適正化計画の運用指針は、「リスクのある地域は原則として含めない」となっています。しかし、「リスクのある地域を居住誘導区域に含める場合には、災害リスクや警戒避難体制の整備等の防災対策等を総合的に勘案し、十分に安全性を検証することが不可欠であり、これらの検討・検証結果を踏まえ立地適正化計画に各種の防災対策を記載することが望ましい」といった文言もあり、自治体によって対応はまちまちなのです。

このため「土砂災害警戒区域」「浸水想定区域」などに自治体が〝居住誘導〟している例があります。

しかし、こうした状況も変わることでしょ

う。万一被害が起きれば、自治体は責任を問われます。また災害に対応するにはコストがかかります。いずれ土砂災害の可能性のある区域や、浸水可能性のある区域は、よほどの対応策が施されない限り、居住誘導区域から外れる可能性が高いでしょう。

また浸水可能性のない地域では金融機関による住宅ローンの担保評価が100パーセントになる一方、浸水リスクのある地域では50パーセントになるというような違いも現れそうです。要は浸水リスクの低い不動産には融資が行われて資産性が維持されやすい一方、リスクのある不動産には融資が行われにくくなり、資産性の維持は難しくなるというわけです。

楽天損害保険は2020年から、住宅火災や水害、風災に備える火災保険で、国内損保で初めて、水害リスクに応じた保険料率の見直しを行うと発表しました。ハザードマップで洪水可能性などを考慮し、高台などにある契約者の保険料は基準より1割近く下げる一方、床上浸水のリスクが高い川沿いや埋め立て地などに住む契約者の保険料は3〜4割高くします。こうした動きは今後広がるでしょう。

私たちは土地のリスクを調べ、それに応じた対策を行う必要があります。今のところは浸水可能性のあるエリアとそうでないエリアの間で、価格差は見られませんが、やがては安全性に応じて天地ほどの差が開いていくことでしょう。

第2章

土地の良し悪しをどう見分けるか

多摩川の両岸に同じ地名がある理由

台風19号による大きな浸水被害があった川崎市の武蔵小杉駅周辺や東京都世田谷区の二子玉川周辺は、ハザードマップで浸水の可能性が指摘されていた地域でした。もともと多摩川は大きく蛇行しており、川を直線に付け替えながら堤防を整備してきた歴史があります。

戦後の高度経済成長期、そうしてできた土地には工場が立ち並んでいましたが、90年以降、バブル崩壊による工場撤退などで土地が売却されました。自治体は周辺の高度利用を意図して高さ制限や容積率などを緩和、そこにタワーマンションが続々建設されるといった、土地利用の変遷がありました。

昔の多摩川は大変な暴れ川でした。江戸時代の文献には洪水の記述が多くあります。堤防がなかった明治以前にはたびたび流路が変わり、時間の経過とともに現在の流路に河川を付け替えて直線にしてきました。

「等々力《とどろき》」という地名は世田谷区と川崎市中原区にありますが、明治に分かれるまでは1つの「等々力村」でした。川崎の「等々力」は、多摩川の付け替えによって川の流れが変わり、飛び地になったというわけです。

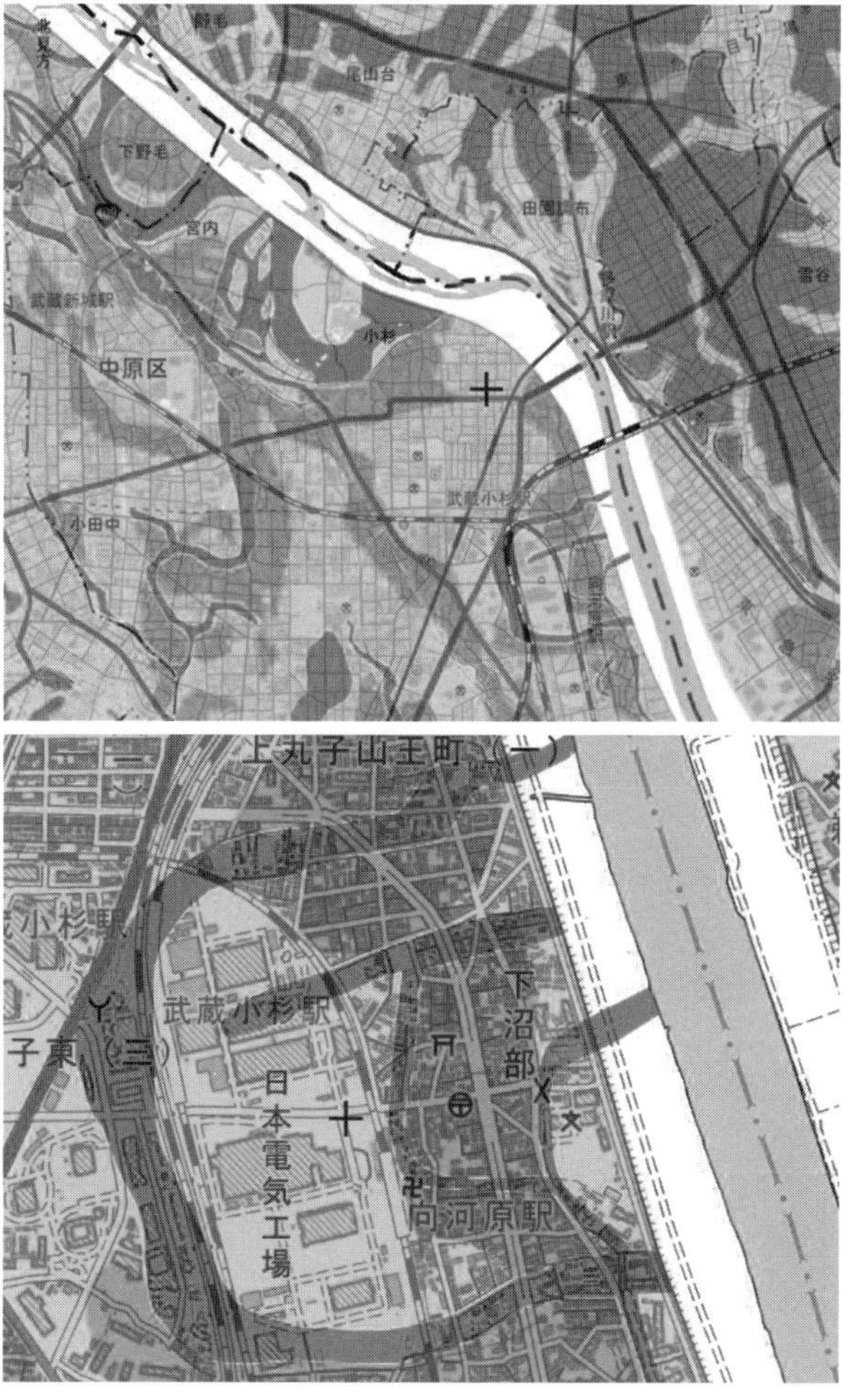

尾山台
下野毛
宮内
田園調布
雪谷
武蔵新城駅
中原区
小杉
武蔵小杉駅
小田中
上丸子山王町（一）
武蔵小杉駅
子東（三）
下沼部
日本電気工場
向河原駅

（出所）国土地理院地図

同様に「宇奈根」も世田谷区と川崎市高津区の両岸にあり、東京都大田区には「下丸子」、対岸の川崎市に「上丸子」「中丸子」があるのも同様の経緯からです。町名として川崎側に「下沼部」があり、東京側では東急多摩川線に「沼部」駅、東京側に「上野毛」「野毛」、川崎側に「下野毛」という地名があるのもその名残です。

したがって以前は河川だった場所は、泥土が堆積し周囲の土地よりも低く水を含んで湿地になっていることが多く、不同沈下（建物が不揃いに沈下すること）が起きやすい軟弱地盤です。排水も悪く、地震・洪水による被害を受けやすいため、一般には宅地には不適当な「旧河道」が多くなっています。水害に見舞われたタワーマンションはその旧河道に接していました。

地名でわかる土地の歴史

「土地の履歴書」ともいえる「地名」には、しばしば地域の歴史が刻まれています。例えば「池」や「川」「河」「滝」「堤」「谷」「沼」「深」「沢」「江」「浦」「津」「浮」「湊」「沖」「潮」「洗」「渋」「清」「渡」など、漢字に「サンズイ」が入っており、水をイメージさせるものは低地で、かつては文字どおり川や沼・池・湿地帯だった可能性があります。例えば渋谷駅周辺は、舗装された道路の下に川が流れており、低地で地盤も弱いのです。

内陸部でも「崎」の地名がつくところには、縄文時代など海面が高かった時代に、海と陸地の境目だった地域で、地盤が強いところと弱いところが入り組んでいる可能性がありま す。東日本大震災の津波被害で一躍注目を浴びた宮城県仙台市の「浪分《なみわけ》神社」は、1611年の三陸地震による大津波が引いた場所という言い伝えが残っています。

杉並区荻窪の「オギ」は湿地に育つイネ科の植物で、古くは一帯に「荻」が自生していました。「クボ」は文字通り窪地です。地域を流れる善福寺川の氾濫によってこれまで何度となく水害に見舞われています。新宿区大久保、国分寺市恋ケ窪なども同様です。中野区沼袋は低湿地で沼地があったとされます。

目黒区には現在暗渠になっている蛇崩川《じゃくずれがわ》という河川がありますが、ここには大水で崖が崩れ、そこから大蛇が出てきたという伝説が残されています。大阪市梅田は「埋田」から転じたとされ、「梅」は「埋める」に通じるようです。

地名は「音」（読み方）で意味がわかる場合もあります。椿はツバケル（崩れる）で崩壊した土地を意味し、「桜」が「裂ける」を意味することがあります。

注意したいのは、近年になって地名が変更されたところです。戦後の高度経済成長期以降に開発された大規模宅地などでは、旧地名から「○○野」「○○が丘」「○○台」「○○ニュータウン」といった地名に変更されている場合があります。

東日本大震災に伴う津波に関し「津波は神社の前で止まる」とテレビで話題になったことがあります。福島県相馬市の津神《つのみつ》神社には「津波が来たら神社に逃げれば助かる」という言い伝えがあり、近隣の人たちは、小さいころからその伝承を聞いて育ったそうです。実際3・11の津波の際にはその教えに従い、神社に避難した50人ほどが助かりました。

地域にある法務局に行くと、該当地の「登記事項証明書」を1通600円で、土地所有者でなくても取得できます。そこには「田」「畑」「宅地」といった土地の用途区分が書かれています。現在は宅地に見える土地でも、過去をさかのぼれば田んぼだったかもしれず、そうなると地盤は軟らかい可能性が高くなります。

地元の図書館に赴けば、地域の歴史が刻まれた書籍が置いてあることが多く、それらを参照するのも有用かもしれません。また多くの自治体が地名の由来などについて、ホームページで紹介しています。

インターネットで確認できる「ハザードマップ」

ハザードマップは河川氾濫による洪水や地震の津波、土砂災害、火山噴火など、さまざまな災害被害を予測し、その被害の範囲を地図上に示したもので、インターネットですぐに閲覧できます。

国土交通省のハザードマップポータルサイトにある「重ねるハザードマップ」には、防災に役立つ災害リスク情報などを地図や写真に重ねて表示でき、ある地点の自然災害リスクをまとめて調べることができます。スマートフォンのＧＰＳ機能を用いれば、現在地の防災情報を簡単に入手することができます。

ポータルサイトにある「わがまちハザードマップ」を見れば、全国の市区町村が作成したハザードマップを地図や災害種別から簡単に検索できます。

ハザードマップを公開しているのはすべての自治体ではありません。国交省によると、浸水が見込まれる区域があってハザードマップ公表が義務付けられた市区町村は全国で１３４７あります。また作成の基準も異なります。

最大雨量について「数十年から１００年に1度レベル」の旧基準では、98パーセントの

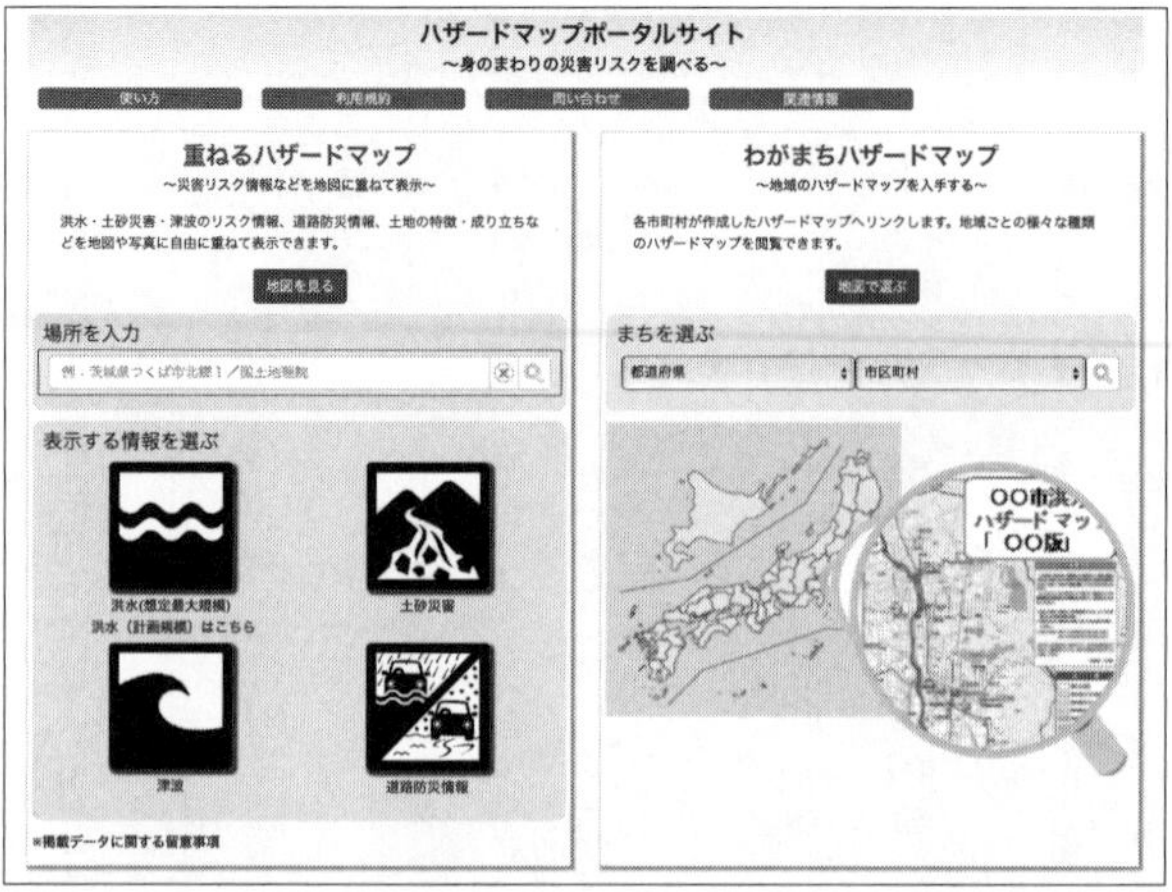

（出所）https://disaportal.gsi.go.jp/

1323市区町村が公表済みですが、15年改正水防法による最大雨量「1000年に1度レベル」の現行基準で公表済みなのは、33パーセントの447にとどまります。したがって「旧基準」か「現行基準」かの確認が必要でしょう。

また多くの市区町村では、過去の水害実績などを閲覧させてくれる場合もありますので、問い合わせてみてください。

河川情報は「河川整備計画」で

近所に気になる河川がある場合、国や自治体がウェブサイトで公開している「河川整備計画」が参考になります。河川整備計画では、過去の治水対策から今後の整備計

（出所）https://disaportal.gsi.go.jp/

画まで網羅されており、河川に関するおよその情報がわかります。

河川整備計画は「河川管理者」が公開しており、江戸川や荒川の管理は国交省や河川事務所のウェブサイトで、都道府県が管理する河川について調べたいときは、自治体のウェブサイトで探します。あるいは「○○川　河川整備計画」で検索してもいいでしょう。

災害情報で、一番便利で使いやすいのは「Ｙａｈｏｏ！天気・災害」です。ハザードマップや河川情報はもちろん、台風や津波・洪水情報もリアルタイムで確認できます。河川水位のライブカメラもあり、さまざまな情報が一元化されています。要ブッ

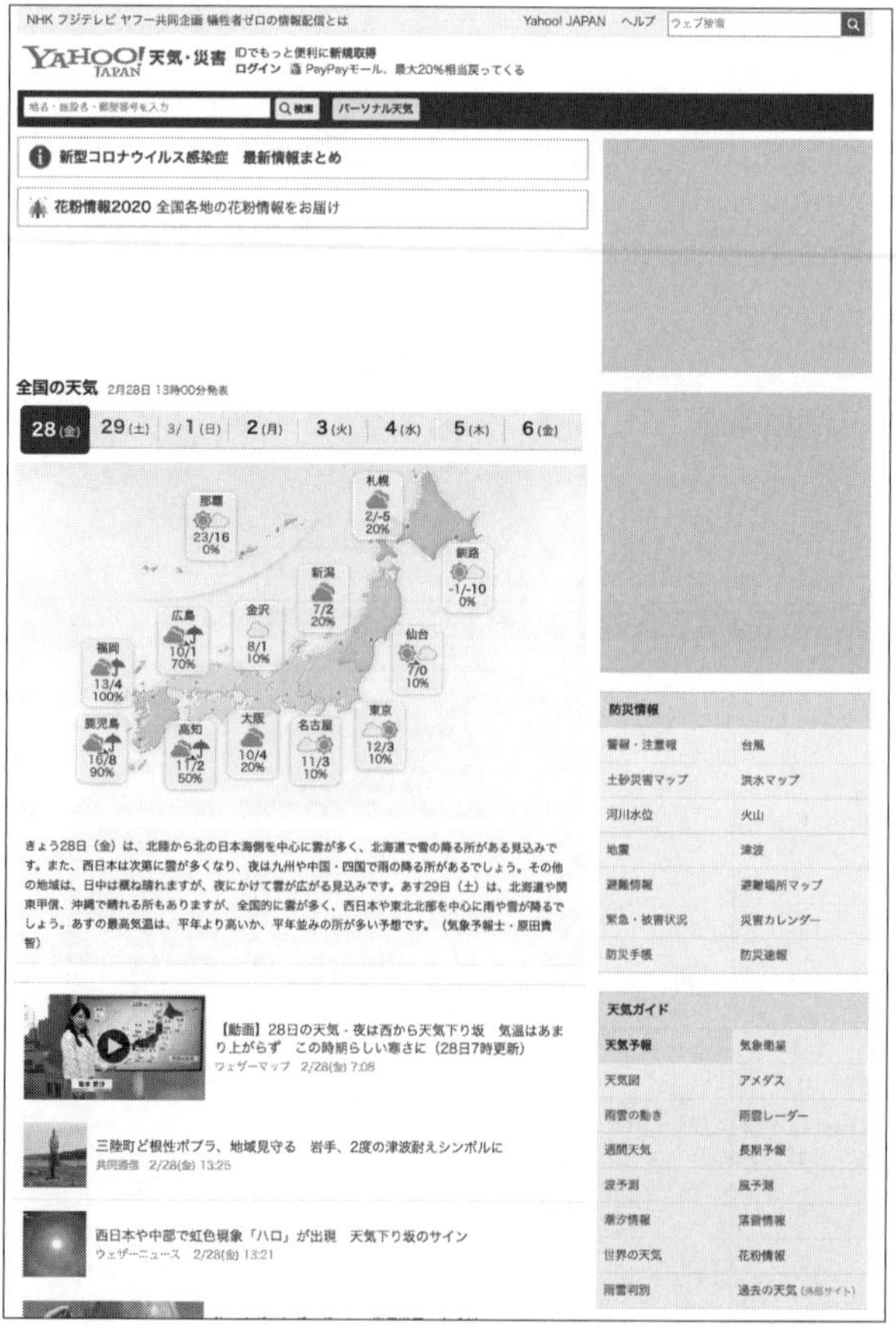

（出所）https://weather.yahoo.co.jp/weather/

クマークです。

「国土地理院地図」で地盤や土地の歴史を知る

インターネットには「国土地理院地図」が公開されています。画面左下にはその場所の「標高」が示されています。土地の高低差は2つの視点で留意する必要があります。1つは「絶対的な高さ」です。津波や洪水などの際の被災可能性がわかります。もう1つは「相対的な高さ」です。周辺の土地と比べてどうかということです。

ゲリラ豪雨など、短時間で集中的に雨が降る場合、排水処理能力が追い付かず、洪水になる可能性があります。例えば、東京都の場合、1時間あたりの排水処理能力は50ミリ程度になっている自治体が多いのですが、ゲリラ豪雨はこの水準を大きく凌駕します。すると地域の相対的に低いところに雨水が集中し、冠水します。

地盤の性質を知るには、左上の「地図」→「その他」→「ベクトルタイル提供実験」→「地形分類（自然地形）」（または人工地形）を調べると、色分けによってその土地が地震に強いのか否かという特徴がわかります。

建物が傾いたり、液状化の被害が心配なら、前出の「わがまちハザードマップ」を使って

(出所) 国土地理院地図

該当自治体の「液状化マップ」を検索するか、あるいは最初から「台地」など相対的に高いところにあり、浸水や液状化の懸念がなく、地盤の固いところを選ぶべきでしょう。

もっとも地盤の固いところでも、地面をかさ上げする「盛土」をしていればその限りではありません。その土地が、土を盛って造成することで地盤面を高くしている、「盛土」か、元の地盤面を削って、一体的に均質で締まっている地盤の、「切土」なのかについては、市区町村役場で確認できます。窓口の名前はさまざまですが、「都市計画課」「建築審査課」などです。

大規模な造成宅地の場合は「大規模盛土造成地マップ」があります。阪神・淡路大震災や東日本大震災などでは、自然地盤ではない「大規模な造成宅地」において土砂災害などの被害が多く見られたことから、作成されました。

大規模の定義は「3000平方メートル以上」「水平面に対し角度20度以上」「盛土5メートル以上」などです。全国の公表率は76・2パーセントです。

「大規模盛土造成地マップ　自治体名」で検索するとよいでしょう。いかにも地盤が強そうな東京都心の高台にある高級マンション敷地のかなりの部分が、実は盛土造成地であることなどがわかります。

地盤が弱くて揺れやすい地形の場合、地盤の固いところに建つ建物よりも揺れやすくなります。必要に応じ建物の耐震性を高めなくてはなりません。また、もし液状化した場合、建物は無事でも、上下水道など地下に敷設されているインフラが毀損する可能性があります。そのことも踏まえ、万が一災害に見舞われた場合、地面の下のインフラのチェックも怠らないようにしてください。

昔の空中写真や衛星画像を見るなら、同じく「国土地理院地図」が使えます。左上の「地図」→「空中写真・衛星画像」では、戦前からの写真・画像も確認することができます。筆者（長嶋）は子供のころ埼玉県某所に住んでいたのですが、大雨が降るとよく浸水するところでした。そこで1936年の画像を確認したところ、その地帯はかつて河川だったことが

（出所）国土地理院地図

わかりました。

地震や津波に関するさらに詳しい評価は、「地震本部」「地震ハザードステーション」などのホームページで確認できます。

- 地震調査研究推進本部
  https://www.jishin.go.jp/
- 地震ハザードステーション（防災科学技術研究所）
  http://www.j-shis.bosai.go.jp/

具体的に知るには「地盤調査」で

先の国土地理院地図の標高データなどは「250メートルメッシュ」で、おおまかな地勢がわかるに過ぎません。個別具体的な地盤の状態を知るには「地盤調査」が必要になります。「ボーリング調査」「ＳＳ」（スウェーデン式サウンディング）試験といった方法で、地盤の固さを調べます。

もし、中古住宅の購入を検討しているならば、こうした地盤調査データがあるかどうかを尋ねてみるとよいでしょう。また、新築の一戸建てを建てる際には、建築基準法によって、事実上地盤調査が義務付けられているので調査結果を必ず参照することになります。

ただし、地盤調査にも一定の限界があります。従来型の手法は地盤の「固さ」を測定するもので、「揺れやすさ」はわかりません。そこで近年登場したのが「微動探査」という手法です。

２０１６年の熊本地震では震度7の大地震が2回起きました。住宅の全壊が８６３７棟、半壊は3万４７２６棟となり、甚大な被害が発生しました。この地震ではわずか数十メートル離れたエリアで、住宅の被害が大きく異なり、全壊した建物が多いエリアと、被害の小さい建物が多いエリアが隣り合っていました。その原因は各々の地盤の「揺れやすさの違い」でした。

これから新築一戸建てを建てようと思っている方や自宅の立っている土地の揺れやすさを

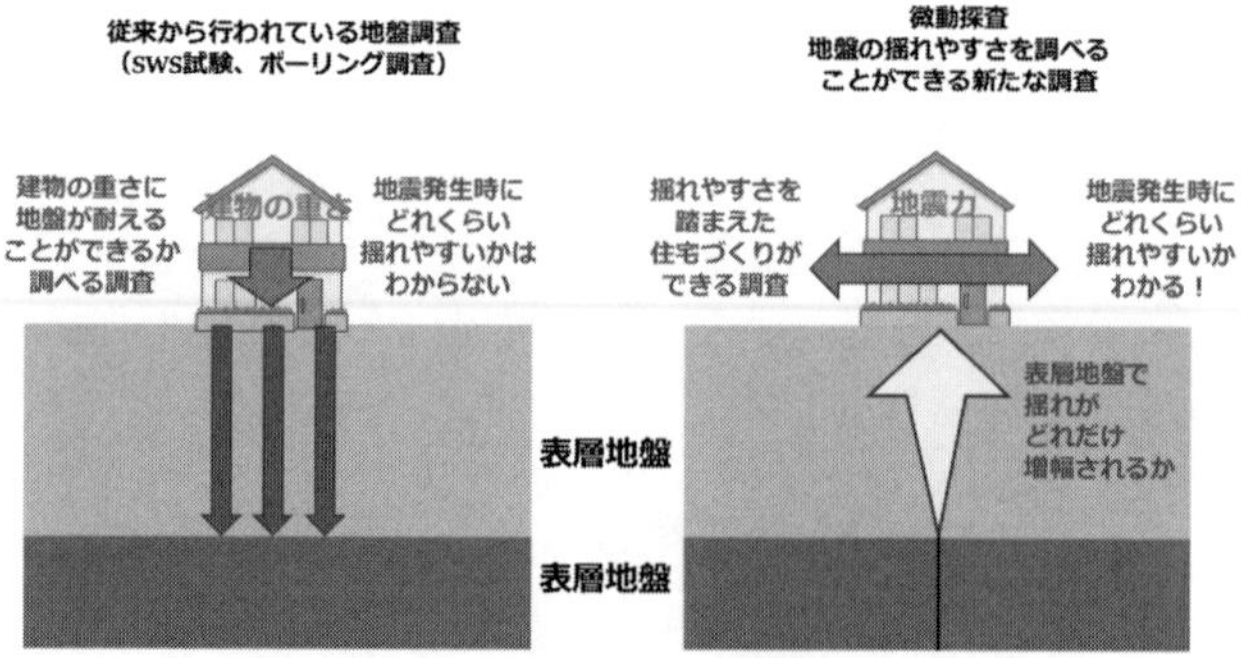

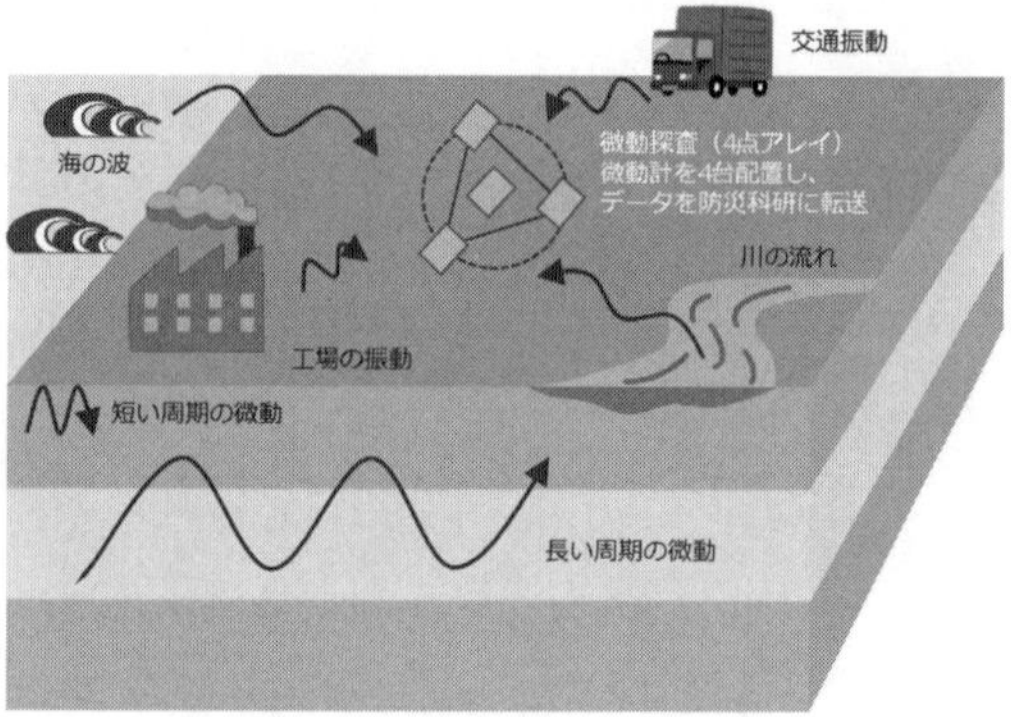

（出所）東京都　https://jmsc.or.jp/feature02/

知った上で耐震改修を行いたい方にはおすすめの技術です。地盤の性質がわかっていれば、どうすれば被害を小さくできるか事前に検討できます。

地盤の調査や改良について、建築基準法で事実上の義務付けがなされたのは２０００年でした。２０００年より前の建物は、地盤調査・改良が行われていないものがたくさんあります。

地震時のリスクはどの地盤に立っているかで変わります。政府の専門家委員会によれば、今後30年以内にＭ８～Ｍ９クラスの南海トラフ地震が70～80パーセント、首都直下型地震はＭ６・７～Ｍ７・３クラスが70パーセントの確率で起こると予想していますが、近年ではこうした予想の範囲外でも大規模地震が起きています。

筆者は「低い位置にある土地や、液状化のリスクがあるところに住むな」ということを、主張しているわけではありません。もし、そういった場所に住む場合は、浸水や液状化の懸念があることを知り、必要に応じて地盤改良を行うことが欠かせないのです。

第3章

マンションは想像以上に風水害に弱い

タワマンに限らず存在するマンションの脆弱性

マンションというと、従来「一戸建てより風水害に強い」というイメージがあると思います。実際、多くのマンションでは、鉄筋コンクリート造となっている分、木造一戸建てより強いと言えます。

しかし、だからといって風水害のリスクがまったくないわけではありません。それは、2019年10月に関東を直撃した台風19号により、神奈川県川崎市・武蔵小杉のタワーマンションをはじめとする多くのマンションが被災したことからも、明らかになっている通りです。

武蔵小杉のタワーマンションの事例ほど話題にならなくても、実は大規模な台風やゲリラ豪雨が発生するたびに、大小さまざまなマンションが被害を受けています。

先の一件で、タワーマンションは特別に風水害に弱い、と誤解する人が増えましたが、実際は、マンション全般が意外と風水害に弱いのです。

もっとも、タワーマンションの高層階に住んでいると、停電や断水の際に大きな影響を受けることは確かです。一方で、タワーマンションのほうが中小規模のマンションよりも、防災面で有利な点もあります。

たとえば、タワーマンションの多くは、非常時に備えて「防災センター」を設置しています。なかには、24時間体制で管理スタッフが常駐しているセンターもあります。東京都の場合、防災センターの管理スタッフには、防火や防災に関する講習を修了した有資格者が配置されることになっています。そのため、いざというときには、被害を最小限に抑えるための適切な初期対応を、専門家にしてもらうことができます。

防災センターがあるマンションは一握りであり、住戸数の多いタワーマンションだからこそ実現できているサービスです。中小規模のマンションでは、管理人すら常駐していない場合も多く、何かあっても時間帯によっては即座に対応できないかもしれません。

また、有事に際して管理会社のスタッフに連絡しても、大規模災害が発生した場合は、より被害の大きなマンションや規模の大きなマンションが優先されて、対応が後回しにされる可能性も考えられます。あるいは、管理会社自体が被災しているかもしれません。こうした理由で、管理会社に頼れない場合は、住人同士が結束して難局を乗り越える必要があります。

そう考えると、タワーマンションなどの大規模マンションには一定の安心感があります。

また、そもそもタワーマンションは耐震性や耐火性に優れていて、地震に強いといった側面もあります。つまり、タワーマンションをやみくもに忌避する必然性はないのです。

「立地」「構造」「防災意識」によってリスクの多寡が決まる

タワーマンションにしても中小規模のマンションにしても、これから購入するのなら、風水害になるべく遭いにくい、もしくは被害を最小限にとどめることができるような物件を選びたいものです。

マンションの風水害のリスクの多寡は、次の3つのポイントによって変わってきます。

- 立地：マンションがどんな地域に位置しているか
- 構造：マンションがどのような構造になっているか
- 防災意識：管理組合や入居者の防災意識がどうなっているか、具体的にどんな取り組みが行われているか

まず、「マンションがどんな地域に位置しているか」という点ですが、風水害に強い地

域・弱い地域に関しては、第1章、第2章で解説したとおりです。

エリアごとの水害のリスクの多寡は、洪水ハザードマップを見れば、過去に浸水したことがあるエリアを含め、浸水区域の予想が示されているので、明確にわかります。最近は外水氾濫だけでなく、内水氾濫のリスクを示したハザードマップを用意する自治体も増えてきたので、地域ごとの水害リスクをより把握しやすくなりました。

ハザードマップでリスクを指摘されがちなのは、河川や用水路、暗渠などに近接した地域のほか、雨の降りやすい地域です。たとえば、山沿いは平野部よりも雨が降りやすくなります。平野部であっても積乱雲が発生しやすいエリア（盆地や川沿いなど）は、ほかの場所に比べてゲリラ豪雨が頻発する傾向にあります。

ゲリラ豪雨が多く発生している地域を調べるには、地域ごとの降水量をチェックするといいでしょう。1時間あたり何ミリの雨が降ったかを示す「1時間降水量」が一般的ですが、ゲリラ豪雨は一気に降って短時間でやむという、熱帯のスコールのような降り方をするため、1時間降水量と、短期間にどれだけの雨が降っているかを測る「10分間降水量」の双方を見るのが一番です。

10分間降水量は、あまり知られていませんが、計測結果を公表する自治体は、少しずつ増えています。購入を検討しているマンションがあるなら、近くにある公共施設で、過去の10分間降水量を公表しているかどうかを調べてみましょう。データが見つかった場合、それがほかの地域と比べて多いか少ないかを確かめてください。

少し手間はかかりますが、このところ特にゲリラ豪雨による被害が増えているので、手間をかけるだけの価値はあるでしょう。

下水の排除方式は「合流式」より「分流式」がいい

また、居住を検討している地域の「下水の排除方式」も調べておきたいところです。自治体のホームページなどで簡単に調べることができます。

下水を集める方法は、「合流式」と「分流式」の2通りがあって、同じ自治体でも地域により、採用する方法が異なっていることがあります。

合流式とは、生活排水などの汚水と雨水を、同じ管で流す仕組みです。メリットは、管が一つで済むためにコストが抑えられる点ですが、大雨が降ると、汚水が川や海に流れ込み、水質汚濁を招く恐れがあります。

一方の分流式は、汚水と雨水を別々の管で流します。管を2本設置しなければならないう

下水道の2つの方式

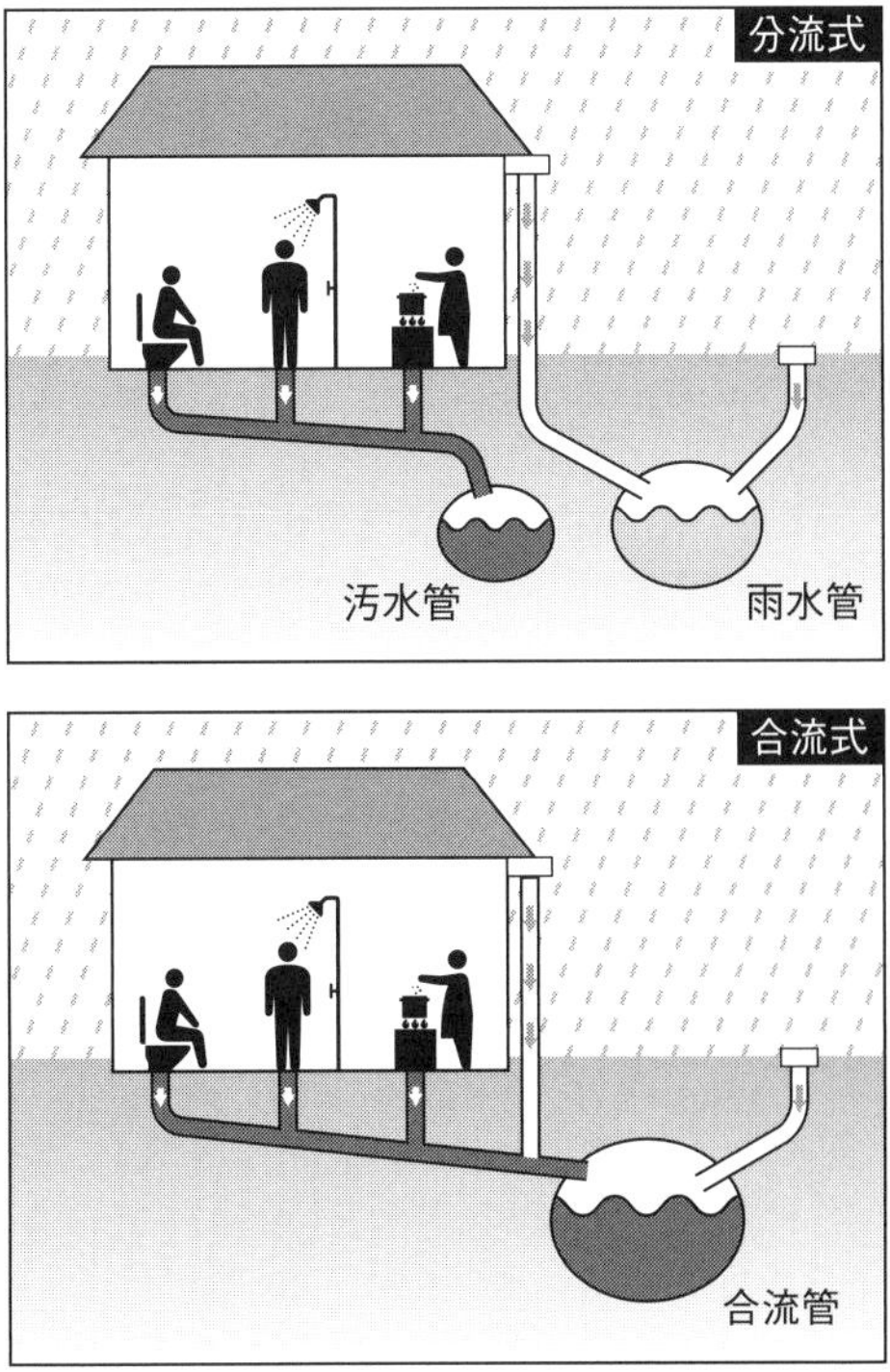

えに、建物の排水設備も分けなければならないため、合流式よりも整備にコストがかさむ点がデメリットです。しかし、その分大雨が降ったとしても、原則として汚水が川や海に流れ込むことがありません。

かつては合流式が基本だったため、早期に下水道を整備した古い市街地などでは、合流式を採用しているケースが多くなっています。逆に、1970年代以降に本格的に整備された新しい街になると分流式が増えますが、いまだに合流式のほうが多数派で、東京都内の自治体でも、過半数が合流式です。

下水の排除方式は、居住する地域選びの大きなポイントにはならないかもしれませんが、できるなら分流式の地域が望ましいでしょう。なぜなら、合流式で排水している地域では、雨水によって下水量が大幅に増えたときに、一定量以上の下水が雨水吐《うすいばき》などから川や海に放流され、水質汚濁の原因になりやすくなるからです。また、管径が大きく、比較的勾配も緩やかなため、流量が少ない晴天時には、管内に汚濁物が溜まりやすくなるという難点もあります。

駐車場の排水ポンプは極端な集中豪雨に対応できない

ハザードマップなどを見て、購入を検討しているマンションが「安全」と考えられる地域に位置していた場合、風水害にはまず遭わないだろう、と考えがちです。しかし、マンションは建物の設計次第で、風水害の被害を受けることがあります。

そこで、ここからは、実際にマンションの設計が原因で発生した風水害の実例を挙げていきましょう。

近年、最もよく見聞きするのは、駐車場が地下に設けられていたために発生した水害による被害です。

言うまでもなく、水は高いところから低いところへと流れるので、地下のスペースは、水害に遭いやすくなります。マンション自体は洪水ハザードマップで安全とされる地域に位置していても、極端な豪雨が降れば、地下駐車場の入り口のスロープから大量の水が入り込む可能性があります。

一定規模以上の建造物には、駐車場の附置義務があるので、ある程度以上の規模のマンションには、必ず駐車場が設けられています。敷地面積が限られる都市部では、多くの場合

浸水したままのマンション地下駐車場（朝日新聞社提供）

地下に作られます。自走式の駐車場を作るスペースもない場合が多く、必然的に機械式駐車場が主流になります。機械式駐車場は、機械を使って車を何段にも重ねて収容する仕組みで、敷地面積が狭くても、地下深く掘り下げれば駐車スペースを確保できます。

自走式の地下駐車場以上に発生件数が多く、被害も深刻になりがちなのが、機械式地下駐車場の水没です。あるいは、ピット式の機械式駐車場になっていて、下段が地下に埋まっているタイプの駐車場も、地下部分が被害に遭いやすくなります。

マンションの入居説明会などでは、「駐車場には排水ポンプが設置されているので、大雨が降っても大丈夫です」と説明されることがあるようですが、あまり信用しないほうがいいでしょう。

東京都下水道局によると、東京都内のほとんどの施設では、「1時間あたり50ミリの降雨」を排水処理できるように整備しています。マンションも同様で、1時間あたり50ミリの降雨への対応を前提に、排水計画が立てられています。ちなみに、大規模な地下街や、過去に床上浸水したエリアなどでは、1時間あたり75ミリまでの降雨に対応できる排水計画となっています。

一般に、1時間降水量が30ミリを超えると災害のリスクがあると言われ、1時間降水量50ミリともなれば、バケツをひっくり返したような大雨です。そんな大雨でも対応できる排水計画があるのなら、とりあえず安心のように思えます。しかし、残念ながら不十分で、不測の事態を招く恐れが大いにあるのです。

近年増加しているゲリラ豪雨は、10分前後の間に20ミリや30ミリもの雨が集中的に降ります。通常は短時間でやみますが、その勢いで1時間降り続いたと仮定すると、1時間降水量は優に100ミリを超えます。

マンションなどの排水計画では、そこまでの量の雨水が一気に流れ込むことを想定していないため、ゲリラ豪雨が排水処理能力を超える勢いで降ると、処理しきれなかった水によって、公共下水が満水で処理不能となり、猛烈な勢いで地下駐車場に流れ込んで、水量次第では車が水没します。

いったん完全に水没してしまった車は、ほとんどの場合、廃車にするしかありません。修理も不可能ではないでしょうが、あらゆる部品の交換・修理が必要となり、買ったほうが安いくらい高くついてしまうはずです。

また、車が水没しても、マンション側が個人の車を補償してくれることは、まずありません。管理会社が保守・点検することになっている駐車場なのだから、被害が出たら管理会社側に責任があるだろう、ということで、住人と分譲会社や施工会社との間でトラブルとなる事例が頻発しています。

しかし、駐車場の設計の欠陥や点検の不備など明らかな過失がない限りは、駐車場で発生したトラブルについて、分譲会社や施工会社に責任を問うことはできません。

そうなると、頼みの綱は個人で加入する車両保険ですが、車両保険に水災の補償が含まれていなければ、一切補償が受けられません。水災補償は本契約に含まれず、特約で選べるようになっている車両保険もありますが、保険料を安くするために特約を外している人が珍しくないので、注意が必要です。

こうした事実を鑑みると、結論としては、地下でなく地上に平置き駐車場を設けているマンションを選んだほうが安心、ということになります。地下駐車場にもメリットはありますが（車体が風雨にさらされて傷まない、日焼けしない、いたずらの被害を受けにくい、など）、安全性を最優先するのなら、浸水リスクが低い平置きの駐車場に置くのが一番です。

とはいえ、都市部では選択の余地がない場合も多いでしょう。どうしても地下駐車場に車を置くのであれば、豪雨の際、迅速に車を移動させる必要があります。

豪雨の最中に車を移動させるのは危険が伴います。最近は、雨雲レーダーの精度も高くなっているので、あらかじめ大雨が予想されているときは、雨が本格的に降り出す前に車を移動させたほうがいいでしょう。

ピット式の機械式駐車場の場合は、パレットごと地上まで上げられるように準備します。操作にはマスターキーが必要になりますが、通常はあまり使用しないので、いざという時に慌てないよう、保管場所や保管方法、操作方法などを確認しておくことが望ましいでしょう。

また、大雨情報が発表されると、管理会社がその都度住人に連絡し、車の移動を促すなど、豪雨から車を守るための対策に力を入れている管理組合もあります。

しかし、日中自宅に車を運転できる人がいない場合、ゲリラ豪雨の度に車を動かすのは不可能です。こまめに車を動かせない環境であれば、やはり地下に車を停めないに越したことはありません。

センサーが雨粒を「障害物」と判断し、機械式駐車場が操作不能に

豪雨の勢いが強すぎたあまりに、駐車場で予期せぬトラブルが生じた事例もあります。

ピット式の機械式駐車場を設置していた東京都内のマンションでは、すさまじい豪雨の際、心配した入居者が地下から車を出そうと試みました。しかし、なぜか操作盤が作動せず、車を出すことができません。慌てふためいているうちにどんどん水が地下に流れ込んで、そのまま車は水没し、持ち主は大切にしていた車を廃車にせざるを得ませんでした。

なぜこのようなことが起きてしまったのでしょうか。実は、操作盤が故障していたわけでも、操作方法を誤ったわけでもなく、豪雨でセンサーが誤作動したことが要因でした。

機械式駐車場の入り口には、車の幅や長さを確認するセンサーがついており、そこに何らかの障害物が触れると、事故を防ぐためにいったん操作できなくなる仕組みになっていま

す。普通のレベルの雨であれば、もちろん問題なく作動しますが、このときはあまりに雨の勢いが激しく、センサーが雨粒を障害物と感知し、操作盤が制御されてしまいました。

その後、このマンションの駐車場には、分譲会社・施工会社の全額負担で、駐車場内に水が入り込むことを抑制する防潮を目的としたブロック塀や止水板が設置されましたが、入居者の車が補償されることはありませんでした。

このような不測の事態を回避するのは困難です。やはりもっと早い段階で車を移動させることが、唯一の解決策となるでしょう。

車に乗らない人だと、マンションの駐車場自体に興味は持てないかもしれません。しかし、浸水被害が発生したマンションは、資産価値が一時的に低下することが多くなります。しかも、水没した地下駐車場の修理や交換費用を、駐車場を利用していない所有者も負担することになるので、無関係ではいられません。

また、機械式駐車場の場合、維持管理のコストが非常に高額ということも覚えておきたいところです。維持管理のコストは、駐車場利用者の支払う利用料などでまかないますが、近年は若者の車離れが進み、居住者が高齢化して車を手放す例も多く、空きスペースが目立つマンション駐車場が増えています。

利用者が減れば、駐車場の利用料収入は減ります。利用料収入が減っても、維持管理のコストは減りません。大規模マンションの大きな機械式駐車場では、一般に設置後15年程度経過した頃に行われるメンテナンスにあたって、1パレット（1台分）ごとに50万円程度の費用が必要になり、収容台数によっては1億円を超す費用が発生します。よって利用料収入が不足すれば、マンション財政に深刻な影響を与えることになります。最悪の場合、マンション全体の修繕計画が頓挫するなど、車に乗らない住人にも悪影響が及ぶ事態になります。

ですから、車に乗る、乗らないにかかわらず、駐車場の状況については注意を払うべきなのです。設置場所や構造、駅から近いわりに駐車スペースが多すぎないか、中古マンションなら現時点で空きスペースはどの程度あるかなど、多角的にチェックをする必要があります。

電気室が地下に設置されていると、マンション全体が機能不全に

マンションの地下に配置されている設備は、駐車場だけではありません。半地下や地下1階にエントランスや住戸が設けられているマンションもあります。また、トランクルーム、電気室、水道水の受水槽、ポンプ室などが配置されているマンションもたくさんあります。

なかでも、電気室はマンションの心臓部と言っても過言ではない、重要な施設です。

一戸建てとマンションとでは、電力供給の仕組みが異なります。一戸建ての場合は、送電線から供給された高圧電流を、電柱に設置されている変圧器で低圧電流に変えたうえで、引込線を通じて受け取る仕組みです。

マンションは、一つ屋根の下に多くの人が住んでいて、一度に大量の電力を使用する点が一戸建てと異なるところです。そのため、一定以上の規模のマンションであれば、電気室が必ずあり、内部に変電設備などがあります。

電気室の役割は、高圧電流を低圧電流に変圧し、マンションの各戸に分配することです。電気室に浸水などのトラブルが発生すると、マンションの各戸への電力供給が止まるだけでなく、共有部分の照明が消えたり、自動ドアやエレベーターが止まったりして、通常の生活ができなくなります。

多くのマンションの電気室は地下にあります。繰り返しになりますが、地下空間は水害に弱いので、電気室を地下に設けると、地上に設けた場合に比べて、水害による停電のリスクが飛躍的に高くなります。

台風19号で被害のあった武蔵小杉のタワーマンションは、地下の電気室が水没したことから停電しました。エレベーターが止まり、復旧するまでの間、住人たちは非常階段を利用せざるを得なくなりました。さらに、給水に用いるポンプも動かなくなったため、断水となりました。また、トイレが使用禁止となった住戸もありました。復旧に数日間を要したため、その間、住人たちは日常の生活ができないという、タワーマンションの停電リスクの大きさが浮き彫りになりました。

ちなみに、エレベーターは停電しなくても停止することがあります。エレベーターが昇降する空間をエレベーターシャフトと呼びますが、この部分に水が入り込んだ場合にも、センサーが作動して停止する仕組みになっているからです。このため、地階や1階のエントランスから浸水すれば、停電にならなくても、「高層難民」が出現する事態となります。

ハザードマップで浸水の可能性があるエリアに立地する物件でも、電気室が地下に設置されているケースはままあります。第1章で解説したように、マンションのデベロッパーは、たとえ水害リスクのある地域であっても、分譲事業の利益を優先した計画で建てることができ、なおかつリスクを説明する義務もないため、このようなマンションが数多く分譲されているのが実情です。

電気室を後から浸水リスクの少ない場所へ移動させることも可能です。しかし、コストがかかるうえに、移動先のスペースを見つけるのは難しいのが実状です。コストをすべての所有者で分担しなければならないことから、話し合いで合意にこぎつけるハードルも高くなります。

以上の理由から、ハザードマップなどで水災被害を受ける恐れのあるエリアにあるマンションの購入を検討する際には、電気室などの設置状況を確認しておくといいでしょう。

２０２０年になって、国土交通省と経済産業省は、電気室の被害によるマンションの機能不全を防ぐべく、ガイドラインを策定しました。このガイドラインには、内部に水を浸水させない水密扉や止水板の設置、電気室を上階に配置することなどが盛り込まれました。こうしたガイドラインの後押しなどで、今後、電気室を守ることを意識したマンションが増えていくかもしれません。

半地下や地下にある住戸は、ドライエリアの浸水や内水氾濫のリスク

マンション、あるいはコーポラティブハウス（入居希望者が組合を作り、その組合が事業主となって建てる集合住宅）などもそうですが、半地下や地下に住戸を設けている集合住宅

も見かけます。

半地下や地下の住戸は水害のリスクが増すばかりでなく、湿気や日当たりなどの懸念材料があります。それでもわざわざ作られるのは、建築基準法による建物の高さ制限や、容積率の問題をクリアするためです。

たとえば、ワンフロアの高さを3メートルとして、7階建てのマンションを建てようとすると、全体の高さは単純計算で21メートルです。高さ制限が20メートルだったとすると、1メートル超過しますが、その1メートル分を地下に掘り下げて、半地下の住戸を設けることによって解決できます。

また、容積率とは「敷地面積に対する建物の延べ床面積の割合」を指しています。建造物を建てるときは、延べ床面積を土地の容積率の範囲内に収めなければなりませんが、抜け穴があります。地下空間は、容積率の緩和を受けられるのです。もちろん上限はありますが、半地下や地下の住戸を設ければ部屋数を増やせることになり、不動産業者にとってメリットが大きくなります。

そんな半地下や地下の住戸には、原則としてドライエリアの設置が義務付けられます。ドライエリアとは、建物の周辺の地面を掘り下げて作る空間のことで、これがあることによって、地下空間に日差しが入り、風通しもよくなります。

しかし、ドライエリアは〝堀〟の形状なので、雨が流れ込みやすく、水害を招きやすいという見過ごせないデメリットがあります。ドライエリアに降った雨水はポンプで排出しますが、ゲリラ豪雨になると排水が追い付かず、ドライエリアから浸水するケースが散見されます。

ドライエリアが中庭のようになっていて、大きな掃き出し窓が設けられたリビングと面している住戸も多いですが、掃き出し窓になっていると、ドライエリアに水が溜まり始めたときに、家の中に浸水しやすくなります。実際、地下室のドライエリアに水が溜まり、水圧でガラスが割れ、室内がプールのようになってしまった事例もあります。

腰高窓なら安心かといえば、そうとも限りません。もし、ドライエリアの排水口に泥や枯れ葉などが詰まっていれば、うまく排水されずに水がどんどん溜まり、掃き出し窓の場合と同様の被害を受ける恐れがあります。

そのうえ、半地下や地下の住戸は、地上にある住戸に比べて、内水氾濫のリスクが高くなっています。

基本的に住戸の水周りと下水管の高低差が高ければ高いほど、下水が逆流してくる確率は低くなります。そのため、1階よりは2階、2階よりは3階のほうが、逆流のリスクは低いわけです。

半地下や地下の住戸は、地上付近の地中に設置されている下水管よりも低い位置にあるため、公共下水が満水になり、排水処理が追い付かないほどの豪雨が降れば、真っ先に影響します。逆流した下水は、トイレやお風呂、キッチンなどの排水口から溢れ出します。

さくら事務所では、内水氾濫によって家具が浮くほど浸水してしまった半地下の住戸のあるマンションを、被災後に調査したことがあります。すると、建設計画時に管轄の下水道局から、「逆流の危険がある」と指導を受けていたことがわかりました。

さらに調べていくと、このマンションでは新築時にも、下水道局から排水の問題点を指導されていたのですが、それに従っていなかったこともわかりました。指導を受けた時点で対応していれば、被害は生じていなかった可能性が高く、ある意味では人災でした。結局、このケースでは、分譲会社・施工会社の負担で、下水道局の指導に則した排水槽と排水ポンプを取り付けることになりました。

マンションの半地下の住戸は、地上の住戸よりも多少値段が安く設定されている場合も多いため、興味を持つ人がいるかもしれません。しかし、現実問題として、地上の住戸よりも多くの被害が報告されています。水害リスクを回避したいのであれば、選択肢からは外したほうが無難でしょう。

フロートガラスは凶器になる

ここまで、マンションの水害被害に絞って紹介してきました。続いて、風害の事例を挙げていきましょう。

マンションの風害はさまざまですが、「植木鉢が窓を直撃して、ガラスにひびが入った」「駐輪場の屋根が飛んだ」などの事例は、よく起きています。水害と違い、風害はどこに住んでいようと完全に防ぐのは難しいところが厄介です。

なかでも、大きな怪我につながりやすいのが窓ガラスの破損です。マンションの窓は、雨戸やシャッターがついていない場合が多いので、飛来物は窓ガラスを直撃します。マンションは大抵、ペアガラスなど、丈夫で割れにくい複層ガラスが採用されているものの、それでも割れるときは割れます。

複層ガラスは2枚のガラスが層になっており、ガラスとガラスの間に不活性ガスが封入されていて、断熱性や遮熱性に優れています。

これに対し、従来の1枚ガラスはフロートガラスと呼ばれます。割れると危険なのは、フロートガラスのほうで、衝撃を受けると放射状にひびが入って割れます。すると、鋭く尖った破片が四方八方に飛散することになり、近くにいた人に大ケガを負わせる恐れがあります。

複層ガラスや網入りガラスなど、フロートガラスに比べて3～4倍程度の強度があるガラスは、放射状には割れません。強化ガラスが採用されていることが多いガラステーブルもそうですが、割れるときは粉々になります。そのため、鋭利な破片が人体に突き刺さる心配がなく、比較的安全なので安全ガラスと呼ばれています。

今では多くのマンションや一戸建ての窓に複層ガラスが採用されていますが、フロートガラスが使われているケースもあります。マンションの場合、窓のサッシは共有部分と見なされるため、勝手に交換できない場合が多いのですが、ガラスの交換は管理組合理事会に届け出ることで承認されることが多いようです。フロートガラスの窓のついたマンションを選ぶのであれば、とりあえずは飛散防止フィルムなどで対応するとしても、ゆくゆくはガラスの交換を視野に入れるといいでしょう。

強風でバルコニーやベランダの手すりがゆがんだり、パネルの落下も

マンションのバルコニーやベランダも、風害を受ける場合があります。

よく被害が報告されるのは、金属製の手すりの下に、半透明のパネルが目隠しとして設置されたバルコニーなどの被害です。一戸建てでもマンションでも、このタイプのバルコニーをよく見かけます。

パネルには、多くの場合、ポリカーボネートという素材が用いられています。ポリカーボネートはプラスチック素材の一種で、衝撃に強く、耐久性があり、耐熱性や耐寒性に優れています。

しかし、ポリカーボネートは軽量なため、強風にあおられ続けるとゆがみが生じ、手すりから外れたり、場合によっては手すり自体を変形させたりする要因になります。

また、ポリカーボネートは、地上の駐車場や駐輪場などの屋根としてもよく用いられますが、突風で支柱から外れて、飛ばされることがあります。軽量な分、遠くまで吹き飛ばされてしまうことも珍しくありません。

もちろん、人に当たればケガをする可能性が高く、車などを傷つけるリスクもあります。

定期的な点検によって、固定部分が緩んでいないかどうか確認すべきです。たとえ緩んでいなくても、風の勢いが猛烈だと呆気なく飛んでいく恐れがあることを認識しておくべきでしょう。

外壁タイルが強風で剝落

突風による外壁タイルの剝落も、深刻な問題です。

多くのマンションの外壁はタイル張りになっています。コンクリートの上にタイルを張ると、コンクリートが中性化（劣化）するスピードを遅らせることができて建物の耐久性が高まり、美観も維持しやすいからです。

しかし、外壁タイルは時間が経つと徐々に浮いてきたり、ひび割れてきたりして、落下のリスクが高まります。経年劣化や地震の影響などで浮いてくる以外に、そもそも新築の施工不良が原因で、早期にタイルが浮き出す例もあります。

タイルの施工方法は、原則として、国土交通省の「公共建築工事標準仕様書」か、日本建築学会の建築工事標準仕様書「ＪＡＳＳ19陶磁器質タイル張り工事」のどちらかを規準としています。しかし、これらの規準が守られずに施工されている例もあります。その場合は、タイルの接着力が早期に低下する可能性があります。

接着力が弱くなって浮いてきたタイルは、ある日突然落下したり、台風などの強風にあおられて、落下するケースがあります。

言うまでもなく、タイルは非常に硬く重量のある素材なので、落下したときの衝撃は計り知れません。あるマンションでは、高層階の外壁タイルが風にあおられて剝落。建物の真下には落ちず、少し離れた場所にある児童遊園まで隕石のように飛んで、鋼製の滑り台に穴を開けたり、地面にめり込んだりしました。

ケガ人が出なかったのは幸いでしたが、まるで銃弾のような勢いだったと推察されます。もし人に当たっていたら、大ケガ、場合によっては命を落とす危険性も高かったでしょう。

ほかにも、タイルの剝落によって通行人がケガをしたり、大きな破片が落ちて下敷きになった車が潰れたりする事故が頻発したことから、国土交通省は2008年、外壁タイルの定期的な調査と報告を義務づけるようになりました。これらを怠ると、建築基準法の規定により、マンションの管理組合に100万円以下の罰金が課せられることがあります。

ところが、残念なことに外壁タイルの調査・報告を定期的に実施していないマンションは、少なくありません。

もし、調査・報告を怠っているマンションでタイルが剝落し、通行人がケガをしたり、命を落としたりするようなことがあれば、一大事です。そのマンションの管理組合は世間からの強い批判にさらされ、計り知れない代償を支払わされることになるでしょう。

外壁タイルではありませんが、2020年2月に神奈川県逗子市のマンション敷地内の斜面が崩落、18歳の女子高校生が亡くなるという痛ましい事故が発生しました。

この斜面も、築造されてから相当な年月を経て、経年劣化していた可能性が高く、調査やメンテナンスが十分に行き届いていなかったのであれば、人災と言えるでしょう。

中庭がプールになって1階住戸が浸水

先ほど挙げたような、「突風でポリカーボネートパネルのベランダの手すりがゆがんでしまった」などの事象は、防ぐのが難しいのですが、一方で、前もって準備をしておくことで、防げる被害もあります。

たとえば、マンションの水害の要因として多いのは、敷地内の排水口や排水ポンプなどの設備点検不良によるものです。これは、定期的な点検や清掃さえ行われていれば、十分防げるはずの被害です。

共有部分については、基本的に管理会社が点検・整備するので、管理会社の問題だと思われるかもしれません。しかし、管理会社と契約するのは、マンション入居者で構成される管理組合です。なかにはずさんな点検・整備を行う管理会社もあるので、本来は管理組合が目を光らせておくことが大切なのですが、結局は管理会社に任せっきりになり、整備不良が放置されてしまうケースもあります。

あるマンションの事例を紹介しましょう。このマンションは、中庭の下に雨水貯留槽が設置されている形状でしたが、豪雨が降ったときに中庭にプールのように水が溜まり、ついには1階の住戸が浸水寸前の事態になってしまいました。

中庭にはいくつもの排水口があり、雨水はそこから地下の「雨水貯留槽」に流れ込む構造でした。しかし、雨水貯留槽のメンテナンスが不十分で、雨水が流入しにくくなっていたことから、地上に水が溜まってしまったのです。

これは、確実に点検・整備さえしていれば、防げたはずの被害でしょう。もっとも、雨水貯留槽にも限界があるので、ゲリラ豪雨の勢いが苛烈を極めれば、中庭は浸水したかもしれません。しかし、少なくとも中庭より一段高い1階住戸がリスクにさらされることはなかったはずです。

ところで、雨水貯留槽とは、雨水を貯めておく巨大なタンクを指しています。いったん雨水を貯めた後、時間差をつけて下水道や河川に放流することで、雨水流出のピーク量を減らすことを目的としています。また、必要に応じて水資源として活用することもできます。

マンションなどの大型施設では、雨水貯留槽をはじめとする「雨水流出抑制施設」が設けられているのが普通です。タンクに雨水を貯める方式のほか、「雨水浸透桝」を使って雨水を地下に浸透させて逃がすタイプの設備もあるため、それらをまとめて雨水貯留浸透施設と呼んでいます。

最近では、一戸建ての住宅に対しても、自治体が補助金を交付するなどして、雨水浸透桝や雨水貯留槽の設置を促しています。また、建売住宅の開発を行う場合は、最初から道路の地下などに雨水貯留浸透施設を設置する事例が増えました。

雨水貯留浸透施設の効果は、顕著に表れています。たとえば、東京都心部を流れる神田川や善福寺川は、かつて頻繁に氾濫していましたが、大規模な護岸工事を行ったわけでもないのに、近年では氾濫のニュースを耳にしなくなっています。それは、環状7号線の地下深くに、大規模な雨水貯留施設が設けられたことが影響していると言われています。

屋上に雑草がはびこって排水を妨げ、防水層にもダメージ

排水口の詰まりなどによって引き起こされるトラブルは、まだあります。先ほどの例では中庭がプールになっていましたが、屋上がプールになってしまったマンションの例を紹介しましょう。

マンションの入居者が屋上に行く機会はめったにないでしょう。屋上はそれだけ目が届きにくく、清掃をはじめとした点検設備も滞りがちな場所です。

さくら事務所では、マンションの管理状況を数多く調査していますが、屋上の整備不良を指摘した例は、枚挙にいとまがありません。なかには、20年以上にわたって、ろくに清掃もされないままに放置されていたマンションもありました。

屋上を清掃しないでいると次第にゴミが溜まっていきます。雑草もはびこります。

あるマンションでは、排水口に泥が詰まり、雑草のセイタカアワダチソウが根を張って、まったく排水できなくなっていました。その結果、豪雨で屋上に水が溜まり、最終的には屋上から溢れ出す事態となりました。屋上はプールのようになり、水が建物の側面をつたって滝のように流れ落ちていて、建物に出入りしようものなら、水をかぶることになります。

上から水が溢れてくれば、さすがに屋上で何か問題が発生したことに気づきますが、溢れないまでも、人知れず屋上に水が溜まったままの状態になっているマンションもあるでしょう。ずっと水が溜まっていればボウフラが湧き、苔が繁茂するなど不衛生な状態になります。「最近、蚊が多いし、異臭がする」といった場合は、屋上が元凶かもしれません。

また、セイタカアワダチソウのように丈夫な根を張るタイプの雑草は、建物に被害を与える可能性があります。

通常、マンションの屋上はアスファルトなどで舗装されています。アスファルトは、建物内への雨水の侵入を防ぐ「防水層」の役割を果たしています。雑草はアスファルトを突き破り、コンクリートのひび割れ部分などに根を広げていくため、漏水事故の原因になることがあります。実際、セイタカアワダチソウが防水層に穴を開け、そこから漏水したケースも珍しくありません。

アスファルトの防水層には寿命がありますが、長持ちさせるためには、屋上の清掃や点検が重要です。雑草はあっという間に根を張り巡らせるので、本来なら季節ごとに点検したほうがいいでしょう。

バルコニーの排水口の泥詰まりが原因で、マンションの上層階が浸水

屋上の防水層に穴が開けば、最上階の住戸から被害を受けることになります。この例に限らず、マンションの上層階でも水害に遭うケースは、実のところかなり多いのです。しかも、上層階の水害の多くは、清掃不良によってもたらされます。

特に頻発しているのは、バルコニーなどの排水口が詰まり、水が溜まって窓から部屋に浸水する事例です。

バルコニーなどの排水口は、こまめに掃除をしておかないと、意外なほどにゴミが溜まります。ダントツで多いのは泥詰まりです。もし、バルコニーでガーデニングを楽しむなら、頻繁に排水口を掃除すべきでしょう。

バルコニーなどは、廊下などと同じく共有部分と規定されていますが、室内に準じた扱いにしようと、入居者には「専用使用権」が認められています。よって、バルコニーなどの排水口は、各住戸の居住者が責任を持って掃除しなければなりません。

ところが、マンションで厄介なのは、自分一人だけ気をつけても問題が解決しない点です。自宅のバルコニーの排水口は問題なくても、たとえば上の階で排水不良を起こして室内

に浸水すれば、階下の住戸も漏水の被害を受ける場合があります。

防災リーダーの下、避難訓練や防災設備の確認などをしているマンションは強い

ここまでのところで、日頃の清掃や点検・整備の重要性をおわかりいただけたことでしょう。共有部分の清掃や点検・整備に問題があるのなら、管理組合が管理会社と話し合い、場合によっては会社を代えなければ解決できないかもしれません。また、バルコニーなどについては、皆で打ち合わせをして清掃する日を決める、といった取り組みをすることで、階下へ水しぶきが飛散することなどから起きるトラブルを防げます。

いずれにしても、求められるのはマンションの入居者全体で防災意識を共有することです。管理組合の理事会や委員会がリーダーシップを発揮して、日頃から防災を意識した活動をしているマンションは、風水害から身を守れる確率が上がります。

それでは、居住者が高い防災意識を共有する理想的なマンションとは、一体どのようなマンションなのでしょうか。具体例を挙げていきましょう。

まず、最も重要なポイントは、管理組合内で防災担当のリーダーを選出していることで

す。一定規模以上のマンション（延べ床面積５００平方メートル以上、収容人員50人以上）においては、消防法によって「防火管理者」の選任が義務づけられています。防火管理者の仕事はさまざまですが、避難訓練を実施することも任務に含まれるので、この防火管理者が防災リーダーを兼ねるケースが多くなっています。

もっとも、災害はいつ起こるかわからず、防災リーダーが一人しかいないと、たまたまリーダーがいないときに何かが起これば、統率がとれない恐れがあります。そこで、防災リーダー以下、複数人で構成される自主的な防災組織を設けているマンションもあります。

なお、防火管理者の選出は消防法による義務なので、大半のマンションに防火管理者はいますが、有名無実化して機能していないケースも結構あります。

防火管理者の役割は、先に挙げた避難訓練の実施のほか、消防計画の作成、消防用設備の点検・整備などです。しかし、形ばかりの消防計画を提出し、そのほかにはほとんど活動しない防火管理者も珍しくありません。

逆に、防火管理者が防災リーダーとなって統率しているマンションでは、消防計画のほかにマンション独自の「防災マニュアル」を作成しています。自治体でも防災マニュアルを配布していますが、マンション独自の防災マニュアルを作成することが肝心です。画一的な内容ではなく、そのマンションの立地や規模、構造などに合わせたマニュアルでなければ、いざというときに役に立たないからです。

防災意識の高いマンションでは、防災マニュアルにのっとって実施される避難訓練も本格的です。訓練は、実際に火災や地震、風水害などを想定したうえで実施され、止水板や消火器、消火栓などの設置場所の確認、備蓄品の確認なども行います。防災組織だけでなく、すべての人がこれらの場所や使い方などを知っておくことが大切になるため、あらゆる防災設備を実際に使う訓練を行い、いざというときパニックに陥るリスクを回避します。

こうした取り組みは、実は非常に重要です。あるマンションでは、1階のエントランスが前面道路より少し下がっており、前々から浸水を防ぐための止水板や土嚢が準備されていました。ここまではいいのですが、問題だったのは、管理人以外の居住者が止水板の置き場所を把握せず、取り扱い方法も知らなかった点です。

あるとき、管理人不在のタイミングで猛烈なゲリラ豪雨が襲来。入居者たちは慌てて止水板を探しましたが、見つけることができず、エントランスは水浸しになってしまいました。このマンションでも、事前に防災訓練などで居住者が止水板の置き場所や取り扱い方法を確認していれば、被害を最小限にとどめることができたはずです。

「入居者名簿」で要介護者を把握し、優先的に救助

　また、多くのマンションでは、「入居者名簿」を作成していますが、管理会社が保有しており、管理組合には公開されていません。しかし、名簿がないと、どのような人が住んでいるのか、緊急連絡先はどこか、といったことがわからないため、災害発生時に混乱を招く恐れがあります。

　そこで、災害時の対応、あるいは孤独死対策といったことを目的に、管理組合が独自に入居者名簿を作成します。マンションによって異なりますが、居住者の家族構成、緊急連絡先、親族などの連絡先、勤務先や学校名などを記載します。

　防災意識の高いマンションでは、災害時のケアを想定し、「要介護者の有無」を書いてもらっているところがあります。要介護者のいることがわかっていれば、優先的に安否を確認するといった配慮もできます。

　個人情報保護のため、入居者名簿は災害時などを除いては閲覧できないように配慮されます。管理組合総会の際、皆の目の前で入居者名簿を入れた封筒に封をし、金庫などに保管しているマンションが多くなっています。

入居者名簿を管理会社から受け取って、パソコンで保管している例もありますが、停電になるとパソコンは使えなくなるので、災害対策としては不十分でしょう。

実際に災害が起こったときは、防災リーダーを中心とする防災組織が、入居者名簿に基づいて居住者の安否確認を行います。安否確認の仕方はさまざまですが、大規模マンションの場合、いちいちインターフォンで確認したり、見回りしたりするのは大変です。あるタワーマンションでは、家族全員が無事な場合、玄関扉の外側に無事である証しのマグネットシートを貼って、無事を宣言する、というルールを設けています。

マグネットシートが出ていない場合は、防災組織のフロア担当者が、インターフォンを押して安否を確認します。最近のマンションは遮音性が高く、部屋の中で何が起きても、音が漏れづらくなっています。たとえば、地震によって家具に押し潰され、身動きが取れなくなっていた場合、助けを呼ぶのは難しいですが、マグネットシートが出ていなければ迅速に救助される可能性が高くなるというわけです。

防災意識が高いマンションは、資産価値が落ちにくい

このような防災意識の高いマンションは、管理組合とは別に自治会なども活発に活動して

いて、コミュニティ意識が強い傾向が見られます。実際、コミュニティの団結力が強いマンションほど、災害時にうまく連携して対応できています。

密接な人付き合いは煩わしい、と感じる人もいると思いますが、そもそもそういった人は、マンションには向いていないのかもしれません。マンションの入居者は、一つ屋根の下に住んでいる運命共同体であり、何を決めるにしても話し合いが不可欠なのです。

一戸建てであれば、たとえば修繕計画に関しても、防災備蓄に関しても、何でも自分で決められるので、気楽です。最近は、プライバシーを守るため、入居者同士があまり顔を合わせずに済むような設計のマンションも増えていますが、本当にまったく人付き合いをしたくないなら、一戸建てのほうがベターでしょう。

一方で、大規模な災害に際し、入居者同士が共に支え合うことができるのは、マンションの魅力でもあります。特に、災害への対応力に優れたマンションならば安心感は増し、その安心感はマンションの資産価値の維持にもつながっていきます。

今や、マンションは「防災対応力」に着目して選ぶ時代になった、と言っても過言ではありません。

第4章
こんな一戸建てに注意せよ

戸建ての大半を占める木造住宅は風水害の被害を受けやすい

本章では、一戸建ての住宅によく見られる、風水害の被害について紹介します。

一戸建ての構造を大きく分けると、建材に木材を用いた木造住宅、柱や梁などに鉄骨を用いた鉄骨造住宅、柱や梁、床、壁が鉄筋とコンクリートで構成されている鉄筋コンクリート造（RC造）住宅の3種類になります。

一戸建て住宅の場合、今も昔も木造が過半を占めています。木造住宅は建築費が最も安く済み、通気性に優れ、かつリフォームがしやすいというメリットがあります。しかし、きちんとメンテナンスをしなければ、耐久性が低下していくため、風水害の被害を受けやすくなります。

激甚災害で河川が氾濫すると、決まって古い一戸建ての住宅が倒壊したり、濁流に流されたり、屋根を丸ごと吹き飛ばされたりする映像がニュースで流れます。致命的な被害を受けた住宅のほとんどは木造住宅です。

木造住宅の構造体は水に弱く、雨漏りなどが原因で、内部が腐食することがあります。基礎や柱がもろくなれば、家全体が倒壊しやすくなりますし、河川が越流してくれば、土台から建物が外れて流されることも起こり得ます。

もっとも、鉄骨造や鉄筋コンクリート造の住宅でも、風水害の被害がないわけではありません。特に、洪水ハザードマップで浸水のリスクが想定されているエリアであれば、住宅の構造に関係なく、水害の被害を受けることになるでしょう。

よって、一戸建て住宅を選ぶにあたって重要なのは、マンションでも同じですが、一にも二にも立地です。木造にするか、鉄骨造や鉄筋コンクリート造にするか、ということで頭を悩ませるのは、その後です。

また、木造住宅を選ぶにしても、風水害に遭いづらい構造になっている建物を選んだり、定期的なメンテナンスを心掛けたりすれば、被害を受けるリスクを減らせます。逆に言うと、次の3つのポイントのいずれか、もしくは複数項目に当てはまる一戸建ての住宅は、風水害に遭うリスクが極めて高くなります。

- 水害のリスクに遭いやすい土地に位置している
- 先天的・あるいは後天的な構造上の問題を抱えている
- メンテナンスを怠っている

順に説明していきましょう。

ハザードマップで浸水深が予測されている区域では、床から浸水の恐れ

まず、洪水ハザードマップで浸水のリスクが指摘されている土地に住んでいれば、当然ながら洪水によって床下・床上浸水する恐れがあります。

最近のハザードマップは、正確性が高くなっています。2018年の西日本豪雨で、岡山県倉敷市真備町が大規模な洪水に見舞われた際には、事前に公布されていたハザードマップの浸水想定区域と実際の浸水エリアが、ほぼ一致していました。

ハザードマップには、洪水が起こった場合に、どれくらいの深さまで水が来るかを想定した数値も掲載されています。これを「浸水深」と呼びます。浸水深が0〜0・5メートルなら床下浸水、0・5〜1メートルなら床上浸水、1〜2メートルなら1階の軒下まで浸水、2〜5メートルなら2階の軒下まで浸水、5メートル以上なら2階の屋根まで浸水する恐れがあります。

浸水リスクゼロのエリアを選ぶのがベストですが、大きな河川が近くを流れる街などで

は、リスクゼロの土地を探すのは難しいでしょう。それでも、一戸建てに住むのであれば、浸水深の予測が2メートルを超えるような場所は、極力避けるべきです。

前述の真備町では、過去にも洪水被害が頻発していたことから、住民にハザードマップが配布されていたそうですが、ハザードマップの存在を認識しておらず、自宅の浸水深の予測値も、まったく知らない人が多かったと言われます。

ハザードマップ自体、最近になってから作られ始めたので、その土地に古くから住んでいる高齢者世帯などが、存在を知らなかったとしても仕方ないかもしれません。しかし、新たに一戸建ての住宅を購入するのであれば、家を建てる場所、あるいは建売住宅が立っている場所をハザードマップで必ず確認すべきです。

高台であればまず安心と思うのか、ハザードマップを確認しない人が多いのですが、これもNGです。第1章で触れたように、街全体は高台に位置していたとしても、地域内の中で見れば、周辺より少し低くなっているような場所もあるからです。

窪地のような形状になっていると他所から見れば高台にあったとしても、水は溜まります。傾斜がなだらかで気づきにくくても、雨上がり時にいつまで経っても水溜まりができているような場所は、低地になっている可能性があります。

地下室や前面道路より下がった半地下の1階、スロープになった駐車場は危険

続いて、構造上の問題や、メンテナンス不良によって生じる、一戸建ての風水害の被害を紹介しましょう。

まず、半地下や地下に設けられた居室や、前面道路より下がった玄関、駐車場がある一戸建ての住宅は、人為的に低地を作っているような状態なので、洪水リスクが低いエリアであっても、水害に見舞われやすくなります。

前章で、マンションに半地下住戸が設けられる理由として、高さ制限をクリアできる点や、容積率の緩和を受けられる点を挙げましたが、一戸建てに関しても同じことが言えます。地価が高く、狭小敷地の多い都心部では、居住空間を少しでも広く確保するため、地表面よりも低い空間に、居室を設けるケースがあります。

半地下の居室に面してドライエリアが設けられており、湿気対策が行われていれば、窓から日差しや風が入るので、日常の生活は快適です。しかし、一度台風やゲリラ豪雨が襲来すれば、下水が逆流するかもしれませんし、排出しきれなくなった雨水が流れ込んでくるかもしれません。そんなとき、真っ先に被害を受けるのが地下空間です。

ドライエリアに水が溜まって、室内まで浸水するリスクも高くなります。ドライエリアに排水ポンプを設置していても、排水能力を超える雨が集中的に降れば、一気に水が溜まって窓の高さを超え、室内に浸水します。

ある一戸建ての住宅では、前面道路から数段下がったところに玄関を設けており、結果的に1階が半地下になっている状態でした。玄関脇に設けられた駐車場も、前面道路からなだらかなスロープになっていて、半地下に車を停める形態です。

半地下空間には、家族の寝室も設けられていました。ある晩、皆が寝静まった深夜に大雨が降り、住人が目覚めたときには、すでに部屋中が浸水。何とかドアを開けて上階に逃げることができましたが、もう少し遅れていたら水圧でドアが開かず、閉じ込められていたかもしれません。

このケースでは、駐車場にも水が溜まってしまい、車は廃車になりました。排水ポンプはありましたが、メンテナンスをしないままに10年以上経過しており、壊れて作動していなかった、ということが後々になって判明しました。

マンションであれば、原則として排水ポンプや排水管などの点検・清掃は、管理会社が担います。しかし、一戸建ての場合は住人が自身で行う必要があり、往々にして忘れられがちです。異音などの故障のサインが表れるまで気づかず、この事例のように、いざというとき役に立たないことも多いのです。

都市部の3階建てに多い「基礎の低い家」は、水害のリスクが高い

半地下を設けた一戸建てと同じように、建物の高さ制限や軒の高さ制限を守ることを目的として、建物の「基礎」を低くしている一戸建てもあります。これも、水害のリスクが高い構造の一つです。

都心部の狭小地に多く、各階の階高を維持しながら3階建てを建てようとすると、基礎を低くせざるを得なくなります。あるいは、高齢者に配慮し、バリアフリーの観点から、あえて基礎を低くしている住宅もあります。

地表面からの基礎の高さは、40センチ以上取ることが望ましいとされていますが、建築基準法で定める下限の高さは30センチです。そのため、基礎高が40センチに満たないケースも珍しくありません。

基礎とは建物の土台となる鉄筋コンクリートやコンクリートなどのことで、建物と地面との〝つなぎ〟の部分を指しています。現在では、重機で土を掘削した後、砕石を敷き詰めて

地盤を固め、防湿シートを敷いた上から床下全面にコンクリートを流し込む「ベタ基礎」と呼ばれる工法が主流です。コンクリートの中に鉄筋を入れるために耐震性が高くなるほか、地面から上がってくる湿気を防ぎやすく、シロアリ被害を防止しやすいのが特徴です。

ベタ基礎以外では、「布基礎」と呼ばれる工法が多く採用されています。別段、布を使うわけではなく、建物の壁に沿ってコンクリートを打つ工法を指します。鉄筋コンクリートを床下全面に入れない分、コストは抑えられます。しかし、ベタ基礎よりもやや耐震性に劣り、地面からの湿気が上がってきやすいと言われています。最近の新築や築年数の浅い家の大部分は、ベタ基礎を採用しています。

前述のように、ベタ基礎は防湿性が高いとされていますが、それでも基礎の高さが十分でないと、湿気がこもる可能性は増してきます。床下に湿気がこもれば、構造体の木材の劣化を早めることにつながり、建物の寿命が短くなります。

しかも、基礎が低いと床下の空間が狭くなり、床下に配置された配管設備などにトラブルがあったとしても、点検のために人が床下に入り込むことができません。そのため、メンテナンス不良になりやすい点もデメリットです。

もちろん、水害にも弱くなります。ゲリラ豪雨で付近一帯が冠水したり、周辺の河川が氾濫したりしたときに、一般的な基礎の高さが確保されていれば、床下浸水で済んだはずが、基礎が低かったがために床上まで浸水してしまったケースも、数多くありました。

すでに完成している家の基礎を、後から高くすることは困難です。そのため、一戸建てを買うときには、必ず基礎の高さを確認する必要があります。

また、新築当初は建築基準法の定める30センチ以上の基準をクリアしていたものの、後から状況が変わって、基礎の立ち上がりが30センチ以下になってしまうこともあります。

たとえば、駐車場や犬走りにコンクリートを打ったり、花壇を作るために土を盛ったりして、建物の外周の地表面を高くしてしまうと、相対的に建物の基礎が低い状態になります。

以前、さくら事務所で調査した住宅では、後から設置した花壇が原因で、地表面の高さが上がり、基礎高が10センチ程度しかなくなっていました。その住宅は、ゲリラ豪雨の際に床下浸水の被害を受けたのですが、もし花壇を作らなければ、被害を受けずに済んだはずです。

基礎にうがたれた「床下換気口」から雨水が入って、床下が浸水

基礎の高さには問題がないのに、床下浸水のリスクが高い一戸建てもあります。それは、

「床下換気口」がある住宅です。

床下にこもる湿気対策のため、建物の基礎の部分にうがたれるのが、床下換気口という穴です（写真）。4メートル以下の間隔で設置することが望ましいとされています。この穴から外部の乾燥した空気が流れ込み、床下の湿気を含んだ空気が排出されることによって、調湿効果が期待できます。

しかし、床下換気口はネズミや虫の侵入経路になりやすいうえに、雨が降ると水が入りこみやすくなります。

建物によっては、地表面と換気口の高さが同じだったり、地中に換気口が半分埋まっていたりすることもあります。そのような場合は、ちょっとした雨でも換気口から床下に浸水することになるでしょう。もちろん、激甚災害が発生すれば床下にとどまらず、床上まで浸水する危険性が高く、周辺の住宅が床下浸水で済んでいるのに、1軒だけ床上浸水するような事態に陥るかもしれません。

非常時に床下換気口をふさぐための止水カバーなども発売さ

れていますが、多くの家庭では、普段あまり床下換気口に注意を払っていないため、浸水してから初めて、何の対策もしていなかったことを後悔することになりがちです。

豪雨などの非常時に床下換気口をふさぐのは正解ですが、なかには常に床下換気口をふさいでいる住宅もあります。プランターや植木鉢などで期せずしてふさいでいる場合もあれば、「寒いから」といった理由で、あえて粘着テープなどを用いてふさいでいる場合も。

基礎パッキン工法（猫土台）の例

換気口を完全にふさいでしまうと、床下が換気されずに湿気がこもり、シロアリが巣食う恐れも増して、家の基礎が傷みやすくなります。

このように、床下換気口は何かと悩みの種になりやすいため、最近では、最初から床下換気口がない建物が増えています。基礎と土台の間に、樹脂製や金属製の基礎パッキンを敷きこむ基礎パッキン工法（猫土台）であれば、床下換気口がなくても、床下の換気が可能です。むしろ、基礎パッキン工法のほうが床下換気口よりも、効率的に通気できると言われています。

「オーバーフロー管」がないバルコニーは危ない

ここまで、ゲリラ豪雨などによる床からの浸水の発生事例を取り上げてきました。一戸建ての住宅で浸水する可能性がある箇所は、床だけにとどまりません。屋根や壁、バルコニーから浸水するパターンもあります。

そもそも、浸水というと床下か天井からの雨漏りを連想しがちですが、実際のところ、天井から雨漏りしてくる事例はそれほど多くありません。２０１９年に台風19号が襲来した直後、一戸建て住宅の住人からさくら事務所に寄せられた相談のうち、最も多かったのは、バルコニーの水害被害に関するものでした。マンションでも同じことが起こっていますが、バルコニーに水が溜まって、室内に浸水するケースが多発したのです。

バルコニーに水が溜まる原因の一つとして、排水口の詰まりが挙げられます。土や枯れ葉、ホコリなどが詰まって排水能力が落ちていると、集中豪雨に対応しきれず、水が溜まるリスクが高くなります。

ただ、排水口が清掃されていても、想定を超えるような大雨が降れば、排水口の処理能力を超えてしまい、水が溜まっていく恐れも。そんなときに役立つのが「オーバーフロー管

（溢水管）」です。

オーバーフロー管とは、何らかの理由でバルコニーに水が溜まってしまったとき、緊急放水するための設備です。バルコニーと室内を隔てる窓のサッシよりも低い位置に設置されているため、排水口で対応できないほどの雨が降っても、オーバーフロー管とダブルで排水することによって、室内への浸水が予防される仕組みです。

バルコニーの側面に付いているのがオーバーフロー管

しかし、オーバーフロー管は設置義務があるわけではないので、ついていない住宅もあります。実際、バルコニーからの浸水被害の相談を受けた住宅のうち、大部分はオーバーフロー管がありませんでした。

オーバーフロー管は水害被害を食い止める最後の砦なので、なるべくなら設置したほうが安心です。後付けで設置することも可能ですが、ずさんな工事をすると、バルコニー内部の防水層を傷つける恐れがあるので、確かな技術を持ったリフォーム会社などに依頼する必要があります。

ただし、オーバーフロー管があったにもかかわらず、バルコニーから室内に浸水した事例もあります。

ある住宅では、2階のバルコニーに樹脂製の床材を置くことで、バルコニーと室内をフラットにしていました。通常、2階のバルコニーと掃き出し窓には、浸水防止を目的として〝またぎ〟と呼ばれる壁の立ち上がり（段差）を設けることになっています。

しかし、またぎがあると、たとえばバルコニーに洗濯物を干すときなど、いちいちまたがなければならずに不快に感じる人がいます。そこで、この住宅ではバルコニーの床を高くすることでフラットな状態を作り上げたわけですが、床材がオーバーフロー管をふさぐような位置で設置され、排水能力が非常に低下していました。

雨天時に床材を外すなら、さほどの問題はないかもしれません。しかし、上に植木鉢やデッキチェアなどのモノがあれこれ載っていると、動かすのは大変です。結局、この住宅でも雨天時に床材をそのままにしていたところに、植木鉢の土などで雨水の排水能力が低下、さらに頼みの綱のオーバーフロー管が床材でふさがれるような状態になって排水が追い付かず、バルコニーから室内に浸水してしまいました。

2階バルコニーと建物の接続部から雨が入って1階の壁から浸水

バルコニーには建物と一体化して作られているものと、後付けされているものの2タイプがあります。昨今の新築一戸建ては、建物と一体化したバルコニーが大半を占めます。後付けされたアルミ製などのバルコニーは、中古住宅でよく見られます。

建物と一体化しているバルコニーは問題が起こりづらいと思われがちですが、実はそうではありません。

バルコニーは防水・止水加工が施されますが、時間の経過とともに劣化していき、内部に浸水することがあります。特に弱いのがバルコニーと建物やサッシが接続している部分で、ここから浸水すると、バルコニーだけでなく、建物の内部にも雨水が入り込みやすくなります。

ある一戸建ての住宅では、いつからか1階の室内の壁にじわりと水がしみてくるようになりました。原因を探ったところ、2階バルコニーを通じて建物に雨水が浸入し、壁の内部を伝って1階に雨漏りしていたことが判明しました。

あまり顧みられることのないバルコニーですが、たとえば床面や壁面に大きな傷がついているのを放置すると、雨漏りや腐食の原因になります。定期的な清掃も大切で、怠ると致命的な傷や排水口の詰まりに気づきづらくなります。

雨が上がった後もバルコニーの表面がなかなか乾きづらかったり、上裏（上階にあるバルコニーの裏側の面）を下から見上げたときにシミができていたりしたら、内部に浸水している可能性が高いでしょう。放置すれば、住宅の雨漏りの原因になる可能性があり、最悪の場合、バルコニーはおろか、建物を解体して丸ごと作り直すことになるかもしれません。

バルコニーの裏側に現れたシミ

内部の腐食に気づかず、突然バルコニーの床や手すりが落ちた事例もあり、定期的にメンテナンスをしないと、大きな危険を伴うことになります。

一方、後付けバルコニーも、外壁に後から穴を開けて設置するため、穴から雨が入らないように適切に止水処理する必要があります。少しでも穴が開いていれば、壁の中に雨水が浸入してしまいます。

軒のない家は外壁が雨ざらしになって、劣化のスピードが速まる

建物の寿命を延ばすには、建物の内部に雨水を浸入させないことが最優先です。そのためには、外壁をなるべく雨に濡らさないようにすることが重要になります。雨の多い日本の住宅で、外壁をまったく濡らさないようにするのは不可能ですが、濡れる場所を減らすための工夫はできます。軒や庇をつければいいのです。

軒とは、建物の外壁より外側に張り出している屋根部分を指します。庇は、窓や玄関の上などに設けられる小型の屋根のようなものです。軒や庇があっても、外壁は当然濡れますが、日常レベルの小雨などでは建物全体が濡れにくくなります。

昔の日本家屋には必ず軒がありましたが、最近は軒のまったくない、箱型の一戸建てや、軒はあるものの、かなり短い一戸建てが増えました。限られた敷地の中で住宅を建てる場合、建築面積の規制の範囲内で目いっぱい大きく作ろうとしがちです。軒の長さは建築面積や高さの制限などに関係してくることから、軒をなくしたり、短くしたりする住宅が増えているのです。軒がない箱型の一戸建ては、そのスマートな外見から、デザイン面での人気も高くなっています。

ただし、スタイリッシュさと建物面積の拡大に伴う代償として、軒のない住宅は雨漏りや外壁の劣化が起こりやすくなります。軒は外壁を雨から守るだけでなく、紫外線からも保護する役割があります。紫外線は人体に有害なだけでなく、外壁の塗膜をも傷つけます。塗膜は汚れや水をはじくバリアのようなものなので、塗膜が傷つけば、外壁は色があせて汚れ、風雨による損傷を受けやすくなります。

また、バルコニーと外壁の接続部分から浸水しやすいことは先に述べたとおりですが、屋根と建物の接続部分も、軒がなく、常に風雨にさらされている状態だと、雨漏りしやすくなります。軒には、この接続部分を守る効果があります。

軒のない家は劣化しやすい

同様に、窓の庇にも、外壁とサッシの接続部分を雨から守る効果を期待できます。そのため、軒と庇はあるに越したことはなく、軒に関しては、なるべく長くしたほうが良いのです。

窓のサッシの周りや後付けしたエアコンの配管穴に注意を

外壁の窓周りにクラックが生じ、そこから浸水するケースもよくあります。

特に窓や扉といった開口部の周辺は、地震の揺れなどで大きな負荷がかかりやすく、外壁材にもよりますが、クラックが生じやすくなります。中古住宅を調査すると、窓の四隅周辺の壁にクラックが入っていることがよくあります。根本的に解決するには、外壁を作り直す必要がありますが、一般的にはクラックができたら、その都度対処するように心掛けていきます。

通常、補修の要・不要を判断する際には、クラックの太さと深さを確認します。建物の構造にはまず影響しないと考えられる、髪の毛程度の細いクラックであれば、緊急性は低いですが、太さ0・5ミリや深さ20ミリ以上クラックが外壁に生じている場合は要注意です。そのクラックから、雨水が建物内部へと入り込むリスクが高くなります。

また、窓枠を壁にはめ込むときには、外壁とサッシの接続部分をコーキング材などで埋めて止水・防水していますが、このコーキング材は経年とともに必ず劣化していきます。次第にひび割れなどが生じて、そこから雨漏りをすることもあります。

窓やドアのほか壁に開けられる穴に、エアコンの配管穴があります。鉄筋コンクリート造のマンションの場合は、スリーブと呼ばれる配管穴を新築時にうがちます。エアコンを設置したら、そこから配管を通す仕組みで、後からエアコンの位置を変えることはできません。しかし、木造一戸建ての場合は、エアコンを後付けするために、建物が完成してから壁に穴を開けることもあります。建物の防水の知識に長けた、きちんとしたリフォーム会社に工事してもらえるなら、それほど問題はないでしょう。しかし、家電量販店などが契約している施工業者に後付けエアコンの工事をしてもらった結果、雨漏りし始める事例は後を絶ちません。

配管の取付口のすき間は、パテや専用のカバー、建物専用のボンドなどでふさぎますが、処理が甘いことがよくあります。最悪の場合、処理自体忘れられていた事例も。そうなると、配管穴から雨水が入り込み、壁から雨漏りしてしまいます。

穴を開ける際に、壁に内蔵されている雨を防ぐ防水シートを破るため、浸水のリスクがとても高くなります。新築時は、外壁を作る前に穴を確保し、壁の中で雨が入ってこないような処置をすることができますが、後から穴を開けると壁の外で処理をしなければなりません。

時間が経つと、穴のすき間をふさいだパテが痩せてすき間が広がり、さらにそこから水が入りやすくなります。そうなった時点で、対症療法として再びパテで埋めればいい、という考え方もありますが、一度水が入った場所はすぐにまた水が入ってきやすいので、根本的な解決にはなりません。

陸屋根と片流れ屋根は、切妻屋根や寄棟屋根より雨漏りしやすい

続いて、屋根からの雨漏りでよく見る事例を紹介していきましょう。

まず、注目したいのは屋根の形状です。屋根は形状によって、雨漏りしやすいものとしにくいものがあります。オーソドックスなものを挙げるなら、「切妻屋根」「寄棟屋根」「片流れ屋根」「陸屋根」などがあり、比較的雨漏りのリスクが高いのは、片流れ屋根と陸屋根です。

最近よく見かけるようになった片流れ屋根は、屋根が一方向だけ傾いているのが特徴で、太陽光発電のパネルを設置しやすいことでも人気です。構造はシンプルですが、雨が一方向に流れることから、雨樋への負荷が大きくなる傾向にあります。また、一方向にしか屋根がかかっておらず、屋根の一番高い側には軒がない形状なので、軒がないほうの外壁の劣化が

早くなるほか、屋根と建物の接続部分から雨漏りする事例も頻発しています。

ちなみに、太陽光発電のパネルを後付けする場合、屋根に穴を開けて設置することから、雨の浸入口を作ってしまうことがあります。太陽光パネルを設置するときは、太陽光パネルだけでなく、建築的な知識がある業者に工事を依頼しましょう。家を建てる前から太陽光発電に興味を持っているなら、新築時に設置するようにし、後付けタイプは避けたほうがいいでしょう。

続いて陸屋根ですが、これはほとんど勾配がなく、平たい形状になっているものを指します。見た目のシンプルさや屋上を使えることから人気が高まっていますが、傾斜がない分、水が長期間滞留しやすくなり、屋根や防水層が傷みやすいのがデメリットです。

また、屋根の上というのは、目が届きづらい場所なので、排水口が詰まって雨漏りするケースも非常に多くなります。先に挙げた4種類の屋根の中では、最も雨漏りしやすいのが陸屋根です。続いて片流れ屋根、寄棟屋根、切妻屋根の順で、雨漏れのリスクは低下していくと考えていいでしょう。

なお、バルコニーや屋上でガーデニングをしている一戸建ても、雨漏りのリスクが高くなります。理由は陸屋根と同じで、排水口が詰まりやすくなるからです。

たとえば、屋上庭園を造っていると、排水口に泥や枯れ葉などが溜まって、排水を妨げがちです。また、床面にウッドボードやレンガを敷いたり、パーゴラ（日陰棚）や花壇を設置したりすることもあるでしょう。しかし、屋上の床には防水層が設置されています。この防水層の寿命（一般的には15年～20年程度）が尽きても、上にいろいろとものが載っているとメンテナンス工事がしづらくなるため、結果的にメンテナンス不良となって、雨漏りを発生させることになります。

屋根に穴を開けて作る天窓は、雨漏りが多発

天窓が原因で屋根から浸水することがあります。壁面の窓だけでは採光性が悪い場合などに天井に天窓が設けられます。必要性はなくても、天窓に憧れて、注文住宅で天窓を設置するケースもよくあります。

しかし、天窓は屋根の一部に穴を開けて設置する窓です。遮るものはなく、継続的に水がかかり続けるため、垂直の壁についている窓よりも、雨を防ぐ材料・部材が劣化するスピードが早くなります。経年劣化が進行すると、屋根や壁の中を伝って建物内部が腐食します。そうなると、室内に浸水するのは時間の問題です。

さくら事務所では、数多くの一戸建てのホームインスペクション（住宅診断）を行っていますが、天窓のある中古住宅は、かなりの確率で雨漏りの被害に見舞われています。防水を考えるなら設置しないほうが安全です。結露しやすいというデメリットもあり、今後のためにふさいだほうがいいとアドバイスすることもあります。

腐食が進んでいれば、窓ごと入れ替えなければならなくなる場合もあります。日本では天窓を製造しているメーカーが少ないので、海外メーカーの天窓が用いられていることが多いのですが、同じメーカーの窓に交換しようにも、そのメーカー自体が日本から撤退していた、という事例もたくさんありました。

ある住宅では、天窓から浸水して周辺の木材が腐食したため、天窓を入れ替えることになりました。しかし、天窓のメーカーが日本から撤退していたため、ほかのメーカーの窓を入れることになりました。しかし、開口部のサイズと合致する窓が見つからなかったため、開口部をリサイズする大工事が必要となり、想像以上に大きな費用が発生することになりました。

雨の少ない国であれば、天窓を設けても問題はないでしょう。しかし、雨や台風の多い日本で、雨漏りのリスクを回避できる天窓を製造したり、適切に工事するのは難題です。それゆえに現在、天窓を扱っている日本のメーカーは極めて少数です。

こうした事情を理解したうえで、どうしても天窓をつけたいのであれば、技術の高い施工業者に設置を依頼し、定期的に雨漏りしていないかをチェックしなければなりません。

古い建物の屋根瓦は吹き飛ばされやすい

ここまで、構造上の問題とメンテナンス不良が相まって引き起こされる水害の被害について紹介してきました。続いては、風害の被害の事例を見ていきましょう。

風害の被害を受けやすいのは、主に築年数の古い一戸建て住宅です。なかでも、特に損傷しやすいのは屋根です。２０１９年の９月に台風15号が神奈川県や千葉県を直撃した際には、多くの一戸建て住宅の屋根が強風で吹き飛ばされ、損傷部分をブルーシートで覆っている光景が何度となくニュース映像で流されたことは、まだ記憶に新しいでしょう。

屋根材にはさまざまな種類があり、昔ながらの陶器瓦のほか、化粧スレート（セメントに繊維素材を混ぜたもの）や、ガルバリウム鋼板、トタンなどの金属屋根も普及しています。古い住宅には瓦屋根が多く、大型台風で損傷したのも瓦屋根の住宅が多かったため、「瓦屋根＝風害に弱い」というイメージが強いかもしれません。

台風で瓦が飛ばされ、ブルーシートで覆われた家（朝日新聞社提供）

瓦はきちんと固定していないと、強風で飛びやすくなります。昔の瓦屋根は、粘土に瓦を載せて、銅線などで固定しているだけなので、一定以上の風量になると、まるで対応できません。

瓦が大量に吹き飛ばされると、周辺の建物などを傷つける二次被害も発生します。さくら事務所では、19年に台風15号が襲来した直後、大きな被害を受けた千葉県館山市で現地調査を行いました。その際、飛んできた瓦が原因で窓ガラスが割れたり、壁に大穴が開いたりしている実例を目の当たりにしています。

瓦が吹き飛ばされた屋根に巨大な穴が開き、家の中に雨水が降り注いでしまった家もありました。その家は住宅密集地に位置して、周囲をほかの住宅に囲まれており、風通しがよくなかったため、台風の直撃から1週間で室内にカビが大量発生。背丈10センチものキノコまで生えるありさまとなり、住人の方は取り壊しを決意したそうです。

しかし、瓦屋根の家がすべて被害を受けていたわけではありません。難を免れた家もたくさんありました。運命を左右したのは、「屋根工事をした時期」です。

95年の阪神・淡路大震災の被害を受けて、建設省（現在の国土交通省）は2001年に「瓦屋根標準設計・施工ガイドライン」を策定しています。簡単に言うと、屋根の躯体にビスや釘で瓦を固定するという内容で、ガイドライン工法にのっとって設置された瓦が飛びづらいことは、実証実験でも明らかにされています。実際、館山市でもガイドライン工法で設置された瓦屋根は、ほぼ無事でした。

ですから、2001年以降にガイドライン工法で固定されている瓦屋根であれば、まず安心です。瓦自体は耐久性に優れ、断熱性も高い屋根材なので、瓦屋根全般を避ける必要はありません。

ひねり金物がない家は、屋根が丸ごと吹き飛ばされる恐れも

一戸建て住宅の屋根で、最もよく見かけるのはスレート屋根です。スレートは比較的コストが安く、軽量でデザイン性も高いというメリットがある屋根材です。デメリットは、ひび割れしやすかったり、苔が生えやすかったりする点で、定期的なメンテナンスが欠かせないこと。耐久年数は30年程度とも言われます。

スレート屋根はひびが入りやすいので、強風が吹くと破片が飛散することがあります。瓦ほど危険性は高くありませんが、小石ほどの大きさの破片が飛ばされて、窓ガラスを割ってしまったケースもありました。屋根の頂点にある棟板金が飛ぶケースもあります。

そのほか、最近多いのはガルバリウム鋼板の金属屋根です。デザイン性が高く、丈夫で人気のガルバリウム鋼板は、強風で飛ばされたという事例は聞かないので、風害に強いと言えるかもしれません。

ただし、同じ金属屋根でも、古い住宅や倉庫などに用いられるトタン屋根は、よく強風で飛ばされています。建物を屋根に固定していた釘ごとスポッと抜けて、全体が飛ばされるケースもあり、非常に危険です。新たに住宅を買う際に、古いトタン屋根の家を選択する可能性は低そうですが、近隣にそういった建物があると、屋根ごと飛んできて自宅を直撃、といった事態になりかねません。

同様に、駐車場や駐輪場に用いられる〝片持ち〟のポリカーボネート屋根も、丸ごと吹き飛ばされるケースが見られます。片持ちとは、一方だけに柱があって軽量の屋根を支えている形状を指しますが、構造的に強風であおられると、呆気なく吹き飛びやすいので、注意が必要です。駐車場に屋根を付けるなら、強風対策がしてある商品を選びましょう。

また、古い建物では、表面の屋根材だけでなく、屋根そのものが建物の構造体から丸ごと外れて飛ばされる、ということもあります。昔の工法では、建物と屋根の接続がそれほど強固ではなく、強烈な風で屋根が吸い上げられて、接続が外れてしまうのです。

近年は、これを防止するために「ひねり金物」と呼ばれる金具で固定するのが主流です。ひねり金物があれば、竜巻などに直撃されでもしない限り、強風で屋根が飛んでいくリスクは回避できます。新築・築浅の物件であれば、ひねり金物がほぼついています。

雨樋の接続が弱いと風や雪で外れて雨漏りの原因に

そのほか、風で飛ばされやすいものといえば雨樋です。強風、あるいは積雪で雨樋がゆがんだり、破損したりすることがあります。そうなると、外壁に雨水がかかり、汚損や雨漏りの原因となります。

雨樋には種類があります。従来の丸型のほか、より流水量を多く確保できる角型、豪雪地帯などに見られる特殊型などがあります。素材も、塩化ビニール製やガルバリウム鋼板製、樹脂製などとさまざまです。

古い雨樋は、配管を接手と金具で簡単に固定しているだけで、強い力が加わるとすぐ破損します。比較的新しい家の雨樋はゆがみにくく、簡単に外れないようにがっちり固定されており、見るからに安定感があるタイプも増えました。

外れた雨樋

注意して雨樋を見ることはないかもしれませんが、住宅を買う際にはチェックすべきポイントです。雨樋に何の対策も施されていない住宅を購入するのであれば、そこにリスクがあるということを知っておかなければなりません。

高さがある古いブロック塀は風にあおられやすい

住宅の周囲のフェンスや塀も、風害の被害を受けることがあります。フェンスは、アルミやスチール、樹脂素材など、さまざまな素材で作られますが、いずれも強風でゆがんだり倒れたりすることがあります。

特に危ないのは、一つの重量が10キロほどもあるブロックを積み重ねた塀です。2018

年6月、大阪北部地震で小学校のブロック塀が倒れて、小学生の女の子が下敷きになって亡くなった事件があり、ブロック塀の倒壊の危険性が広く知られるようになりました。実は、それ以前にも大地震の際には、ブロック塀の倒壊によって多くの人命が奪われています。地震はもちろん、強風や突風でもブロック塀が倒れることがあるので、細心の注意を払わなければなりません。

今でこそ、ブロック塀は中に鉄筋を入れたり、「控え壁」と呼ばれる支えをつけたりして、倒れにくくする工夫がされるようになっています。しかし、古いブロック塀にはそのような措置が施されておらず、ブロックとブロックの間をモルタルで固めて積み上げただけのものが大半です。特に、ある程度の高さがある場合は、風であおられて倒れやすくなります。

国土交通省もブロック塀については警鐘を鳴らしており、点検項目として以下を挙げています。

- 塀の高さは2・2メートル以下か
- 塀の厚さは10センチ以上か（塀の高さが2メートル～2・2メートルの場合は15センチ

以上か）

- 塀の長さ３・４メートル以下ごとに塀の高さの１／５以上突出した控え壁があるか
- コンクリート基礎があるか
- 塀にひび割れや傾きがないか
- 塀に鉄筋が入っているか

一つでも不適合がある場合、倒壊のリスクがあり、ブロック塀がある住宅を購入する際にはよく見ておく必要があります。

雨戸があれば安心感は格段に高まる

風害は、自宅の屋外にあるもの（屋根や塀など）が吹き飛ばされたり、倒壊したりすることで、他人や他人の所有物を傷つけてしまうパターンと、逆にどこかから飛んできた飛来物によって、自宅がダメージを受けるパターンがあります。ここまでは、前者の事例を挙げましたが、後者の事例も挙げておきましょう。

飛来物によって大きなダメージを受けるのは窓です。屋外に接している部分で、最も強度が低いのは窓ガラスです。

古い住宅であれば、雨戸がある場合がほとんどでしたが、最近は雨戸のない一戸建て住宅が増えています。防犯上、1階だけ雨戸をつけて、2階にはつけないことも多くなりました。

最近の一戸建ての窓には、複層ガラスや網入りガラスを入れる場合が多いことから、一見すると丈夫そうなので、雨戸は不要と思われがちです。しかし、複層ガラスや網入りガラスはそこまで強度が高いわけではなく、強風で硬いものが飛んでくれば割れてしまいます。

窓ガラスが大きく割れてしまうと、生活自体が困難になります。大規模災害が生じた場合は、直してもらおうにも業者が手いっぱいで、順番が回ってこないかもしれません。段ボールなどでふさぐ手もありますが、冬場は寒さに凍え、夏場は暑さや虫の襲来に悩まされるでしょう。

防災面で考えれば、ごく小さい窓を除き、すべての窓に雨戸やシャッターがついているのが一番です。

19年9月に台風19号が襲来した際は、台風がひどくなる前に〝ガラスの強度を上げる〟という目的で窓に養生テープを貼る人が増え、テープが品切れになるほど売れたと言われています。

しかし、テープを貼っても、ガラスは大して強化されません（ガラスが割れたときの飛散をある程度抑える効果はあります）。窓を守りたいのであれば、本来は雨戸を閉めてしまえば済みます。マンションの場合は、雨戸がないことが多いので、選択の余地がないかもしれませんが、一戸建ての住宅を購入するのであれば、雨戸やシャッターのある家を選んだほうがいいでしょう。

ただし、雨戸があれば問題ない、というわけでもありません。古い家だと、雨戸の戸袋ごと風で外れて飛ばされた事例もあります。雨戸は何しろ鉄の扉ですから、飛ばされたときの危険性は計り知れません。同様に、網戸も立て付けが悪いとよく飛んでしまいます。雨戸や網戸の状態にも気を配ったほうがいいでしょう。

さて、一戸建ての住宅には、さまざまな風水害のリスクがあるということがおわかりいただけたでしょうか。マンションにしても一戸建てにしても、リスクを事前に知っておけば、対策によって被害を減らすことは可能です。そこで、次章ではわが家を守るための事前対策と事後対策について紹介します。

第5章

減災のための事前対策・事後対策

第5章では、風水害からマイホームを守るためのマンションの事前対策や、一戸建ての事前対策・事後対策について紹介します。

繰り返し述べてきましたが、建物の立地を入念に選び、構造や各種設備の有無、位置関係などを確認し、定期的な清掃や点検、修理といった建物のメンテナンスを怠らないように心掛ければ、風水害に遭うリスクを大幅に低減することができます。

水害のリスクが低いエリアで、構造的にも風水害の被害を最小限に食い止められるマンションや一戸建てを選ぶことができれば、基本的には安心して生活することができます。本書の巻末に、物件を選ぶにあたって注意したいチェックリストを掲載しています。これからマンションや一戸建ての住宅を購入する場合は、リストを参考にしつつ、条件をクリアする物件を根気よく探していきましょう。

実際にマイホームを購入してからは、メンテナンスと災害への備えが重要になってきます。

それでは、具体的にどのようなメンテナンスや準備を行えばいいのでしょうか。マンションと一戸建てとでは、メンテナンスにしても準備すべきことにしても、異なる部分がありまず。まずは、マンション入居者ができる対策を紹介します。

【マンションの事前対策1】 管理組合主導で防災マニュアルを策定する

マンションに関しては、自分一人でできることには限界があります。マンションには共用部分と専有部分があり、共用部分の防災については、管理組合によるチェックや対策が不可欠となるからです。管理組合が明確に防災意識を持ち、適切な取り組みを行っていることが大前提です。逆に言うと、初めからそのような防災意識の高いマンションを選択するようにしましょう。

輪番制で、入居者が順繰りに管理組合の理事などを務めるマンションが多いですが、理事などを務めることに対し、ネガティブに捉えている人が多いかもしれません。たしかに、管理組合は何かとやることが多く、面倒に感じることもあるはずです。しかし、マンションの資産価値を上げるも下げるも、管理組合理事会の手腕にかかってくると言っても過言ではないので、積極的に関わる気持ちを持ちたいものです。

管理組合の運営に関わっていなくても、防災訓練をはじめ管理組合主導のイベントには、率先して参加しましょう。そうしたイベントへの参加によって、入居者同士のコミュニケーションが深まれば、災害など有事の際にもスムーズに助け合うことができるはずです。

管理組合理事会がやるべきことはさまざまですが、防災に関連することに絞ると、次のようなポイントが挙げられます。

- 防災リーダー・防災組織の設立
- 防災マニュアルの策定
- 定期的な防災会議や居住者全員参加の防災訓練の実施
- 防災備蓄の確認
- 入居者名簿の作成
- 加入している火災保険の把握
- バルコニー（各戸に専用利用権がある共有部分）の一斉清掃の呼びかけ

マンションごとに立地や規模、構造が異なるため、マンション独自の「防災マニュアル」を策定することが欠かせません。国も自治体も、マンションに対し防災マニュアルの策定を促しているため、大規模なマンションであれば、防災マニュアルが用意されているところがほとんどのはずです。マンションに入居したら、防災マニュアルに目を通しておきましょう。

一方で、小規模マンションとなると、防災担当者が任命されていないか、任命されていてもほとんど活動していないこともしばしばです。独自の防災マニュアルもなく、防災訓練も行われていない、といった事例も多くなります。そういったマンションでは、往々にして防災備蓄が不十分であったりもします。

本来、一つ屋根の下に住む者同士、いざというときに助け合えるのがマンションのいいところですが、このような状況では助け合うどころか、共倒れになってしまいます。

【マンションの事前対策2】 防災訓練で避難経路や備蓄品の状態を確認する

防災訓練を定期的に行うことも、管理組合の重要な責務です。すべての居住者が防災訓練に参加するのが理想ですが、防災意識が低いマンションだと、管理組合が防災訓練を行っても、半数以上の居住者が参加しない、というケースも少なくありません。このようなマンションでは、被災時にマンション中がパニック状態に陥り、二次災害を引き起こすリスクも懸念されます。

マンションの防災訓練の際に必ず確かめておきたいのは、実際に被災したときに、どのような初期行動をとればいいか、という点です。防災意識が高いマンションでは、火災や地震、風水害などテーマを決めて防災訓練を実施しており、それぞれのテーマごとにどのような行動をとればいいのか、訓練を通じて実体験することができます。

その際に、火災時の避難ルートや防災備蓄、防災設備・備品（止水板、土嚢など）の保管場所もチェックできるでしょう。これらは、普段はほとんど意識することがないので、防災訓練できちんと確認しておくべきです。

マンションで用意する防災備蓄とは、非常食や飲料水、簡易トイレのほか、ヘルメット、ヘッドライト、懐中電灯、防塵用のマスクやメガネ、救急箱、軍手、階段用ストレッチャー（階段から人を運ぶための担架）、手巻き充電器付きラジオ、防災用ガス発電機などが主なところです。

一戸建てに住む場合は、すべての備蓄品を自分で準備しますが、マンションの場合は、管理組合の主導で一定の防災備蓄を用意するのが普通で、通常は防災備蓄倉庫に収められています。

ところが、防災備蓄の保管方法に問題があるマンションも多く存在します。非常食や飲料水には消費期限がありますが、さくら事務所が調査をしたとあるマンションでは、定期的に防災備蓄品を購入する一方で、期限切れの備蓄品のほうを処分しておらず、備蓄品がどんどん増えて、防災備蓄倉庫がすし詰め状態になっていました。

購入した備蓄品は段ボール箱に入った状態で届きますが、そのマンションでは段ボール箱の中身を改めることもなく、どんどん倉庫に押し込んでいました。そのため、どの箱に何が入っているのかわからず、どの箱が古くて、どの箱が新しいのかもわからない状態になっていました。

幸いにして、そのマンションでは、防災備蓄品を各戸に配布するような非常事態に見舞われていませんでしたが、防災備蓄倉庫を整理しないでいると、いざというときに大混乱に陥るでしょう。

保管にあたっては、備蓄品の入った段ボール箱の表面に「何がいくつ入っていて、消費期限はいつまでか。一戸あたり何個ずつ配布できるか」といった情報を明記しておきます。

また、発電機やストレッチャーは、防災訓練の際に実際に使用し、すべての入居者に使い方を周知させることも重要です。用意しただけで満足し、使い方がわからないようでは意味がありません。発電機はめったに動かす機会がないだけに、故障していても気づかず、いざというときに役に立たない、ということもありがちです。防災訓練の際に、使用方法を確認しておくことはもちろん、できれば毎月1回程度は、点検も兼ねて試運転を行うことが望ましいでしょう。

発電機の燃料はガソリンやカセットガスコンロが主流で、エンジンから一酸化炭素などの有毒ガスが排気されます。試運転は屋外などの風通しの良いところで行うようにしてください。

【マンションの事前対策3】 自宅にも防災備蓄品を十分に用意しておく

マンションとしての防災備蓄品がほとんど準備されていないケースや、準備されていても分量が不十分なケースもあります。そうした場合に備え、自分でも防災備蓄品を用意しておかなければなりません。防災備蓄がされているマンションでも、自分である程度の備蓄品を用意する必要があります。防災備蓄倉庫の中身を確認し、自分で何をどれだけ用意しておくべきか、把握しておきましょう。

一般的に、自宅で備蓄しておくと望ましいとされるものは、次のとおりです。

- 非常食（家族の人数分を1週間分）

- 飲料水（1日あたり1人3リットル×人数分を1週間分）
- 簡易トイレ（家族の人数分を1週間分）
- 懐中電灯
- 携帯ラジオ
- 電池
- 手動携帯充電器
- 卓上カセットコンロ・カセットボンベ
- 固形燃料

都心部の場合、激甚災害によって食べ物や飲み物が手に入らなくなる、といった事態は想像しにくいかもしれません。しかし、物流がストップすれば、コンビニやスーパーなども長期間閉店する可能性があります。

木造住宅に比べて、地震や火災などの災害に強いマンションでは、入居者が避難所に移動することは想定されていません。基本的には自宅で過ごすことになると考えるべきです。よって、何があっても家の中で1週間程度は待機できるように、食べ物や飲料水を準備しておきたいものです。

台風19号が襲来した際には、武蔵小杉の一部のタワーマンションではトイレが使えなくなりました。ですから、簡易トイレは必須です。家族であっても、簡易トイレの使い回しは難しいので、多めに用意すべきでしょう。

そのほか、メガネやコンタクトレンズ、おむつ、生理用品など、家庭ごとに必要なものを準備し、定期的に中身を見直すようにしましょう。

また、防災用品の見直しのときにでも、家族や親族と、災害時の集合場所や連絡方法を確認しておきます。さらに、不測の事態で〝マンション外に避難することになった場合〟にどうするかも考えておきたいところ。多くのハザードマップには、広域避難できなかった場合に避難場所となる公共施設の一覧が掲載されているので、チェックしてみるといいでしょう。

【マンションの事前対策４】　共用部分の火災保険や賠償責任保険の内容を把握する

マンションの場合、専有部分に関しては、区分所有者がそれぞれに火災保険や地震保険などに加入します。一方、エントランスや廊下、エレベーターといった共用部分に関しては、管理組合が〝マンションの共用部分専用〟の火災保険（「マンション総合保険」など）に加入します。

マンション共用部分の火災保険は、火災や落雷、盗難などの補償をセットしたものをベースとして、風水害の補償や地震保険、施設賠償責任保険を付加します。ただし、地震保険に関しては、保険料が高いうえに支払い要件が厳格で、受け取れる保険金が少額にとどまるケースが多いことから、あえて加入せず、保険料が安くなった分を修繕積立金会計に繰り入れているマンションもあります。

施設賠償責任保険とは、共用部分に何らかの問題があって人やモノに被害が及んだ際に、補償される保険です。たとえば、共用部分の排水管などから専有部分に漏水した場合や、外壁タイルが剥がれて通行人にケガを負わせた場合などは、施設賠償責任保険から保険金が支払われます。

新築マンションの場合、当初は管理組合が組織されていないので、通常は管理会社が手配を代行します。管理会社は損害保険会社の代理店となっているケースが多いため、保険の更新時に管理組合が保険を見直すことなく管理会社任せにしていると、保険の比較検討などを行うこともなく、特定の損害保険会社の商品に加入し続けることになるでしょう。

しかし、本来は補償と保険料のバランスを考えながら、さまざまな保険を比較検討する必要があります。共用部分の損害保険料は、所有者全員が支払っている「管理費」から拠出されるので、損害保険への無関心は管理費のムダ遣いにつながります。管理組合は、きちんと損害保険について調べたり、専門家から詳細な説明を受けるなど向き合うことが必要です。

マンション共用部分の火災保険の保険料は、このところ急速に上昇傾向にあります。更新時に保険料がそれまでの2~3倍にも跳ね上がり、管理費を値上げせざるを得なくなって、悲鳴を上げているマンションも少なくありません。

マンションの老朽化に伴って漏水などの事故が増加しています。その都度、マンションは保険を使って調査・修理を行うため、保険会社の保険支払いの負担は増え、保険金支払額が跳ね上がっていることから、マンションの保険は保険会社にとって採算の合わない〝お荷物〟のような存在になりつつあります。

こうした流れを受けて、保険会社はマンションの火災保険の保険料体系を「築年数に応じて値上げ」する方向に変えました。一部の保険会社では、築年数が古くてもメンテナンスの状態により保険料が軽減される仕組みの火災保険も商品化されています。マンションのメンテナンスの更新時に、いろいろなタイプの火災保険を比較検討することも必要です。

今後は、「保険料が高すぎて、共用部分に火災保険をかけられない」というマンションが増加するかもしれません。あるいは、火災保険に加入はできても、「漏水事故は不担保」という条件付きの商品を選択せざるを得ないマンションも増えるでしょう。

マンションの共用部分の不備が原因で、専有部分に漏水が発生した場合、仮に「漏水事故が不担保」で保険金が下りないとしたら、修繕費用の一部は管理組合に負担の義務がありま す。その資金は修繕積立金などから捻出せねばならず、万一賠償できなければ、入居者全体から一時金を徴収する事態になりかねません。

そう考えると、共用部分の保険は非常に重要ですし、保険選びにはこれまで以上に注意を払う必要があります。また、共用部分に起因する漏水に際し、マンション側で加入している保険が使えることを知らない人も多いので、入居者一人ひとりがもっと保険に興味を持つことも重要でしょう。

入居者が個別に加入する専有部分については、火災保険に加えて、家財保険や地震保険、個人賠償責任保険に加入するのも一般的です。

火災保険とは、一般に火災・落雷・爆発などに対応するもので、台風や豪雨による洪水・高潮・土砂崩れなどには適用されません。そこで地震保険同様、オプションとして水災補償が選択できるようになっています。保険料はおおむね年間数千円～1万円程度なので、安心のための必要経費と割り切って加入するといいでしょう。なお、水災補償は建物本体をカバーするもので、家財は別途オプションになります。

家財保険とは、災害などによって家具や家電、食器、各種インテリア用品などが被害を受けた際に、補償が受けられる保険です。大規模な震災のときには、耐震性の高い建物であっても家財の被害は大きくなりがち。「それほど高級な家財はない」という人でなければ、検討してみてもいいでしょう。

個人賠償責任保険とは、日常生活において、家族の誰か（ペットを含む）が他人にケガをさせたり、他人の持ち物を破損したりして賠償責任を負った際、保険金から賠償できるという保険です。マンションの場合、たとえば自分の過失で階下の部屋を漏水させてしまった場合など、個人賠償責任保険を使って賠償することができます。

ただ、マンションの中には、管理組合で一括して入居者全員分の個人賠償責任保険に加入している場合があります。それを知らずに、個人でも個人賠償責任保険に加入してしまうと、補償がかぶることになるので、注意が必要です。

【マンションの事前対策5】　地下駐車場に車を停める場合は車両保険に入る

第3章で、マンションの地下空間において、水害被害が多発していることを紹介しました。高台にあるマンションでも、地下空間には水害のリスクがあるので、地下駐車場に車を置かない、地下のトランクルームに大事なものを置かない、といった対策が求められます。

マンションの中には、地下室に防災用品や備蓄品の倉庫を設けているところもありますが、これは浸水リスクのある地域のマンションではNGです。また、これらの地域では、1階も浸水の可能性があります。通常、管理人室は1階に設けられていますが、管理人室に保管されている重要書類や備品に関しては、上階に移動させることを検討したほうがいいかもしれません。

車に関しては簡単には移動できず、マンションの地下駐車場に停めざるを得ないことが多いはずです。地下駐車場を利用するのであれば、必ず「水害をカバーする車両保険」に加入しましょう。

車両保険とは、自分の車が事故や盗難、自然災害で被害を受けたときに、修理費用を補償してもらえる保険です。車両保険には、あらゆる被害に幅広く対応して補償するタイプもあれば、自動車同士の衝突事故に限定して補償するタイプもあります。補償の範囲が狭いタイプのほうが保険料は安くなるので、衝突事故に限定して補償するタイプを選ぶと、保険料は安くなります。しかし、水害に対応するのであれば、おのずと補償内容の幅広い保険を選択することになり、保険料が高くなりがちです。

車が水没して廃車になるリスクを考えるなら、高い保険料も我慢するしかありませんが、少しでも保険料を節約したいのであれば、車両保険の「免責金額」を高く設定するのがおすすめです。

免責金額とは、車の修理が必要になったときの自己負担額のこと。たとえば、免責金額がゼロで、修理費用が50万円のときは、自己負担は発生せず、すべて車両保険の保険金でカバーされます。免責金額が10万円なら、自己負担10万円で、残りの40万円の修理代が保険で補償されます。

つい「自己負担がゼロのほうがいい」と思ってしまいますが、免責金額をなるべく高くしておいたほうが、車両保険の保険料はグンと安くなります。よって、地下駐車場に車を停める場合の車両保険は、自然災害の被害を含めて補償するタイプで、免責金額を高く設定することも検討するのがベストでしょう。

【マンションの事前対策6】 バルコニーの清掃・整頓を心掛ける

マンションの各戸のバルコニーには「専用利用権」があるため、自宅の延長線上のように感じられます。しかし、バルコニーはあくまで共用部分なので、本来は私物を置かないほうがよく、また清掃にも気を配らなければなりません。自室のバルコニーの排水口が詰まれば、それが原因となって、ほかの部屋に水害の被害を及ぼしてしまう危険性もあります。

とはいえ、いくら自分の部屋のバルコニーだけ清掃していても、排水管はつながっているので、ほかの部屋で排水口が詰まれば水害のリスクが高まります。管理組合主導で、全戸一斉にバルコニーの清掃を行うことも必要でしょう。

また、バルコニーはいざというときの避難経路になります。マンションの形状にもよりますが、バルコニーの両端に隔て板がある場合には、緊急時にこの隔板を壊して避難します。部屋によっては、バルコニーの床に「避難ハッチ（避難用のはしごが格納されている昇降口）」が設置されています。避難ハッチがない場合は、隔板を壊して隣の部屋のハッチから脱出します。

そのため、普段から隔板の周辺や避難ハッチの上に、植木などのモノを置かないことが大切です。上階のバルコニーに避難ハッチがある場合、その下にモノを置かないことも重要です。しかし、先にも述べたように、バルコニーは共用部分という感覚が薄い人も多く、物置のようにしている事例は少なくありません。このような状態だと、いざというときに避難に支障が生じる恐れがあるので、管理組合は防災訓練などを通じ注意を喚起することが必要です。

【マンションの事前対策7】　賃貸マンションで被害を受けた場合の責任の所在を確認

分譲マンションの場合、一般的にマンションは居住者の資産ですが、賃貸マンションの場合はあくまで一時的に借り受けているに過ぎません。被災して借りている部屋が損傷した場合、どのような行動をとればいいのか知っておきましょう。

改正民法607条では、「賃貸物の修繕」について「賃借人が賃貸人に修繕が必要である旨を通知し、又は賃貸人がその旨を知ったにもかかわらず、賃貸人が相当の期間内に必要な修繕をしないとき」「急迫の事情があるとき」の2つの場合には、賃借人が修繕の必要な箇所を自ら修繕することができる権利を有することが明文で定められました。

賃借人が自らの権利として修繕した費用は、最終的には大家が負担することになります。

賃借人は、修繕に必要な費用を自ら支払った場合、賃貸人に対しただちに請求できるのです。

また、大家が修繕費を支払わない場合は、修繕費と家賃を相殺することも可能です。ただし、修繕の原因や必要性などを巡り、後にトラブルになる可能性があるので、自分だけで判断せず、弁護士などの専門家に相談するのが賢明でしょう。

また、「災害救助法」では修繕費を支給してもらえる「応急修理制度」があり、大家が修繕に応じない場合には、借り手も利用できます。ただし利用要件が設定されているため、市区町村役場に相談してみましょう。

避難勧告が出るなどして、そもそもその住宅に住めなくなってしまったような場合だと、大家は賃料を受け取る権利がない、ということも知っておいてください。

さて、ここまでマンションの入居者が実践できる事前対策を紹介してきました。

自分が管理組合の役員や防災役員などを務めていないと、日頃から防災意識を持つのはなかなか難しいかもしれません。しかし、たとえば外壁タイルの〝浮き〟や、中庭の排水口の詰まりといった、災害時のリスク要因となりそうなことに気づいたときに管理組合に報告するなど、入居者一人ひとりの行動によって、マンションを風水害から守ることができます。他人任せにせず、当事者意識を持つことが重要です。

続いては、一戸建ての住宅に住む人が事前に実践できる対策を紹介していきます。

【一戸建ての事前対策1】　修繕積立金を準備する

一戸建ての住宅には、何事も管理組合で話し合わないと決められないマンションと異なり、すべてを家主自身で決められる自由さがあります。それは逆に、すべて自己責任ということでもあります。

マンションでは定期的に修繕計画を進め、そのための資金も毎月積み立てていくのが一般的です。また、日々の清掃や点検は管理会社が手掛けます。設備の故障などの不備があれば、管理会社が修理を勧めてくれることもあるでしょう。

一方、一戸建てでは毎月の管理費も修繕積立金も発生しませんが、その代わりに日々の清掃や点検を手掛けるのも、修繕に向けて資金計画を立てるのも家主自身です。「マンションの毎月の修繕積立金や管理費が高すぎて、負担が大きい」という理由から、一戸建てに引っ越す人もいますが、当然ながら一戸建てでもいずれ修繕が必要になります。しかし、一戸建てに住む人の多くは、修繕積立金をコツコツ貯めていく、という発想を持たず、メンテナンスも後手に回りがちです。

新築住宅の場合、築後10年が経過するまでは、基礎や柱、梁といった構造部分に欠陥が見つかったり、雨漏りが発生したりした場合に、売り主が無償で修繕することが法律によって義務づけられています。しかし、築後10年を過ぎればその保証はなくなります。屋根や外壁は徐々に劣化して、水回り設備などの故障も発生し始めますが、自分でそれらを点検し、必要に応じて修繕しなければなりません。

よくあるのは、ハウスメーカーや工務店による定期点検で、修理すべき箇所を指摘されて、そのコストが１００万円単位であることを知り、慌てるケースです。資金を用意できず、必要なメンテナンスに着手できないまま時間が経過すると、建物が劣化し、風水害の被害を招き寄せる原因になってしまいます。

さくら事務所では、木造２階建て・延べ床面積１１６平方メートルの一般的な一戸建ての場合で、築後30年で想定される修繕費用を試算していますが、その総額は８３０万円強という結果になりました。

もちろん、住宅の大きさや選ぶ工務店などによって金額は変わってきますが、風水害の被害を回避し、住宅の基本的な性能を維持し続けるためには、これくらいのメンテナンス費用がかかる、ということを覚悟しなければなりません。

実際に家に不具合が生じてから慌てても遅いので、毎月少しずつでも、マンションのように修繕積立金を準備しておくのがベストです。

【一戸建ての事前対策2】　修繕のタイミングの目安を認識しておく

建物は定期的にメンテナンスをして、雨漏りやシロアリ被害などを予防することにより、寿命を延ばすことができます。かつては、木造住宅というと築後30年も経てば建て替えを検討するのが当たり前と言われてきましたが、実際にはメンテナンスさえ怠らなければ、建て替えずに住み続けることも可能です。

長期間メンテナンスをせず、大規模な被害が生じてから修繕しようとすると、莫大な修繕費用が発生する恐れがあります。普段からこまめに点検し、手をかけながら住む、という意識を持ちましょう。

なお、普段の点検に加えて、強い台風が通過した後にも、必ず住宅周りの点検をすべきです。台風によって外壁が少し剝がれたり、屋根瓦が欠けたりすることは多いですが、すぐさま修理が必要なほどではない軽微な損傷でも、放置しておくとそこから家が劣化していきます。

ところで、台風や地震などの大きな災害の後は、悪徳業者が出没しやすいので注意してください。無料で点検すると言って屋根などをチェックし、軽微な損傷にもかかわらず、「今すぐ修理が必要だ」などと被害者の不安をあおり、法外な工事代金を請求する例が後を絶ちません。普段から建物のメンテナンスに気を配って、修繕計画を頭に置いていれば、そうした悪徳業者にも惑わされにくくなるでしょう。

外壁や屋根は、台風などに見舞われなくても、時間の経過とともに徐々に劣化していきます。ひび割れなどが生じて内部に雨水が入り込めば、構造体が傷む原因になります。これを防ぐためには、10〜15年ごとの再塗装が不可欠です。外壁の表面部分が細かくひび割れている程度であれば、塗装によってふさぐことができます。

先の例（築後30年の木造住宅の修繕費用＝830万円）では、屋根に85万円、外壁に120万円をかけて15年ごとに再塗装したものと仮定しました。この再塗装だけでも2回分で400万円を超えますが、さらにはバルコニーの防水工事や床下のシロアリ対策なども必須となります。シロアリ対策の消毒は、約5年ごとに行うのが一般的です。

住宅の不具合別補修費用の目安

①定期的なメンテナンス工事費用（10～15年に一度）

外壁・屋根再塗装	100～130万円
バルコニー防水	10～ 30万円

②雨漏りなど不具合発生後の補修工事費用

雨漏り発生個所	平均的な補修工事費用	①の定期的なメンテナンスを怠った場合に発生する可能性がある補修工事とその費用目安
外壁	55～150万円	700万円超えも
外壁と開口部の取合い	50～120万円	400万円超えも
外壁と屋根の取合い	50～100万円	300万円超えも
外壁とバルコニーの取合い	60～110万円	200万円超えも
バルコニーの床	40～ 90万円	200万円超えも
勾配のある屋根や棟	50～150万円	400万円超えも
陸屋根	40～120万円	200万円超えも
軒裏・軒天	40～ 90万円	200万円超えも
天窓	40～ 90万円	300万円超えも

参考資料：「住宅の保険事故事例集–住宅の欠陥に関する補修費用の傾向」（一般財団法人住宅瑕疵担保責任保険協会編、平成23年3月31日発行）

また、ユニットバスの耐用年数は20〜30年と言われるので、交換工事が必要になります。給排水管も、20〜30年経過したらリフォームすることが望ましいでしょう。そのほか、雨樋や給湯器も15年程度で寿命となるので、給湯器は交換を、雨樋は塗装などをしたほうがいいでしょう。

ここに挙げたのは必要最低限の修繕箇所であり、同じ家に長く住み続けたいなら、避けて通ることはできません。住宅の各箇所の修繕や交換のタイミングを意識しながら、資金の準備を計画的に進めることが重要です。

【一戸建ての事前対策3】 風水害を意識した設計で家を建てる

注文住宅を新築する場合には、最初から風水害対策を意識した設計にするのもいいでしょう。

たとえば、大きな河川がある街に居住する予定で、ハザードマップを見たときに浸水深がゼロの地域では目ぼしい土地がなく、浸水リスクがあるエリアに住むことになったとします。建物の1階部分が多少なりとも水に浸かる可能性があるなら、被害を軽減するための手立てを考えておくべきでしょう。

まずは、建物の基礎を高くするという手があります。実際、河川の近くに住むということで、基礎を一般の住宅よりも高く作るケースは珍しくありません。ただし、基礎を高くすれば、その分だけコンクリートを多く使うことになるため、コストは増すことになります。

また、「混構造」の住宅を建てるというのも一案です。混構造とは、木造・鉄骨造・鉄筋コンクリート造を組み合わせた構造のことで、1階を鉄骨造や鉄筋コンクリート造とし、2階以上を木造にするパターンが多くなります。

鉄骨造や鉄筋コンクリート造であれば、木造よりは水に強いため、浸水しても復旧しやすくなるのがメリットです。家全体を鉄骨造・鉄筋コンクリート造にする手もありますが、混構造にしたほうがコストを削減できますし、調湿効果など、木造住宅ならではのメリットも同時に享受することができます。

加えて、なるべく2階以上のフロアに、キッチンやバスルームといった水周り設備を集中させます。たとえば、1階は寝室や納戸だけにとどめて、2階以上にリビングや水周りなどを集中させておけば、1階が浸水しても買い替えるのはベッドなどの家具類だけで済みます。

もちろん、家具の買い替えも大きな出費に違いありません。しかし、キッチンやバスルームなどを丸ごと入れ替えると、何百万円という出費になってしまうので、水周りを優先的に上階に上げたほうが無難です。それに、リビングや水周りに被害がなければ、被災してから日常生活を取り戻すまでの時間も短くて済むでしょう。

ハザードマップの浸水深を参考に、コンセントを高い位置につけるというのも有効な方法です。浸水のリスクがあるにもかかわらず、コンセントを低い位置につけていると、漏電の恐れがありますが、初めから予想される浸水深よりも高い位置につけておけば、リスクを1つ減らせます。

同様に、エアコンの室外機も浸水すれば故障するので、土台を設けるなどして高い位置に設置しておきます。

2階建て以上の住宅は、1階と2階以上の部屋で、最初からブレーカーを分けておくこともおすすめです。1階と2階のブレーカーが一緒になっていると、1階が浸水してショートした場合に、2階も停電してしまいます。しかし、ブレーカーが分かれていれば、1階がダメでも2階は停電になりません。あらかじめ設計段階で伝えておけば簡単にできるので、ハウスメーカーや工務店に要望を伝えておくといいでしょう。

【一戸建ての事前対策4】 排水口や雨樋、雨水桝・浸透桝、側溝を掃除しておく

住宅周りで雨水の通り道になるのは、排水口や雨樋、雨水桝・浸透桝、側溝などです。いずれもゴミなどが詰まると浸水の原因となるので、清掃や点検が必要です。

半地下タイプの一戸建てやマンションの場合は、排水口の掃除と同時に、排水ポンプも必ず点検しましょう。ドライエリアに急激に水が流れ込んだ場合、排水ポンプが動かなければ命に関わります。工務店によっては、排水ポンプを2台備えることを勧める場合もあります。非常時には、そのくらい重要になる設備なので、動作確認は必須です。

雨樋で受け止められた雨水は、ほとんどの場合、雨水桝や浸透桝にいったん流れ込む仕組みになっています（雨水の処理の仕方は、自治体によってルールが異なる場合があります）。もし、雨樋が詰まると、雨水が桝に流れ込まず、敷地内に雨水が溜まって冠水する恐れがあります。同様に、桝も定期的に清掃しておかないと、ゴミが詰まってしまい、冠水の恐れが生じます。

住宅の前の道路については、あまり気にしていない人も多いかもしれませんが、枯れ葉などを掃除せず、側溝にゴミが溜まってしまうと、雨水がきちんと排水されなくなり、道路や

敷地が冠水するリスクが高くなります。

側溝の掃除は、町内会などで一斉清掃が呼び掛けられるケースが多いと思います。そのときに掃除をするか、それ以外のタイミングでも、汚れが気になれば自主的に掃除したほうがいいでしょう。側溝の汚れは水害の元凶になるばかりでなく、悪臭の発生源にもなるため、定期清掃は欠かせません。

【一戸建ての事前対策５】 防災備蓄や土嚢・止水板などを準備する

一戸建ての場合、マンションと違って管理組合が備蓄品を準備してくれることはありません。自治会や町内会で多少の用意はあるかもしれませんが、個人で十分に備蓄しておきます。

用意すべき備蓄品の内容は、マンション住まいの場合と同じです。避難所に移動する場合もあるので、衣類や貴重品（現金、通帳、身分証明書、印鑑など）を持ち出すことも想定しておきましょう。リュックサックなどに必要なものをセットし、倉庫の奥底などではなく、取り出しやすい場所に置いておきます。最近は、停電に備えて蓄電池や発電機を備える人も増えています。

加えて、土嚢や止水板を用意しておくと、浸水リスクを軽減できます。自治体で土嚢ステーションを用意していて、誰でも自由に借用できるようになっている場合もあります。2019年の台風19号の際には、早々と土嚢ステーションが空になる事態があちらこちらで見受けられました。そのため、自分で準備することも検討したほうがよさそうです。

土嚢は布袋の中に土砂を詰めたものです。土砂を入れるのではなく、水に浸して数分で膨らむタイプのものもあります。また、ゴミ袋に水を溜めた「水嚢」で代用することもできます。玄関の前などに水嚢を並べておくだけでも効果がありますが、水嚢を段ボール箱の中に詰めたうえで設置すると、さらに強度が増します。

ゴミ袋より小さなビニール袋で作る水嚢は、室内のトイレやお風呂、洗濯機などの排水口に設置すると、下水の逆流を予防する効果が期待できます。

また、マンションではエントランスに止水板を設置できるようになっている場合が多いですが、一戸建て住宅用の止水板も販売されています。市販の止水板よりも効力は劣りますが、長めの板などを水嚢で固定することで、止水板の代わりにすることができます。

そのほか、土を入れたプランターや水を入れたポリタンクをブルーシートでくるんで玄関前に置くことによっても、止水効果が期待できますので、防災備蓄品として用意しておくといいでしょう。

もちろん、泥かきのためのスコップや長靴も便利です。こうした備品をリスト化したうえで、いざというときにどのような行動をとるのかマニュアルを用意しておくと安心です。

【一戸建ての事前対策6】　後付けシャッターの設置、飛散防止フィルムの活用

マンションでも一戸建ての住宅でも、窓に雨戸のないケースが多くなっています。雨戸のない場合は、既存の窓に簡単に後付けできるシャッターの設置を検討してもいいでしょう。台風のときには、雨戸がないと不安になります。後付けシャッターを閉めておけば、ガラスが割れるリスクを回避できます。工事費用込みで、1カ所あたり数万〜10万円前後で設置できます。

あるいは、ガラスが割れることを想定し、「飛散防止フィルム」を貼っておくのも一案です。フィルムを貼っておくと、ガラスが割れても飛び散ることはありません。フィルムによっては「遮熱性能」「紫外線防止性能」「防犯性能」を持つものもあり、一石二鳥にも三鳥にもなるでしょう。地震を想定して、食器棚に貼るのもおすすめです。

【一戸建ての事前対策7】 火災保険など、保険の内容を確認する

風水害の被害に遭ったときに、頼りになるのは保険です。マンションの場合と同じく、一戸建ての場合でも火災保険以外に、地震保険、家財保険などへの加入を検討しましょう。

火災保険は、以前はパッケージ型（補償内容が決まったタイプ）が主流でしたが、最近は補償内容を必要に応じて選択できる商品が増えました。補償内容を選ぶタイプの場合、河川に近いエリアであれば、水災の補償は必須です。水災補償では、台風による暴風雨などで洪水が発生した場合のほか、融雪による洪水、高潮などの水による災害で、建物や家財が被害を受けたときに補償を受けられます。

河川が近くにないとしても、家が低地に立っていたり、半地下の居室があったりする場合などは、ゲリラ豪雨で被害を受ける恐れがあるため、水災の補償をつけておくといいでしょう。

ちなみに、水災補償では漏水などによる〝水濡れ〟はカバーされません。漏水などによる水濡れが不安なときは、別個に「水濡れ」補償をつけなければなりません。パッケージ型の保険に加入する場合は、どこまで補償の対象になっているのか、よく確認しましょう。

保険会社によっては、火災保険の加入者を対象とした各種サービスを充実させているところもあります。たとえば、トイレが詰まったときや、漏水などのトラブル時に対応してくれたり、住宅のリフォーム相談サービスを用意していたりする保険会社もあります。

保険の中身をきちんと把握しておかないと、こうした便利なサービスも見逃してしまいます。保険の契約書類や約款などを確認しておくといいでしょう。

【一戸建ての事前対策8】　被災した際の救済措置を知っておこう

水害で自宅が被害を受けたときの支援金制度についても知っておきましょう。豪雨や洪水、高潮、津波などの水害に限らず、暴風、豪雪、地震、噴火なども含めた自然現象によって住宅に被害を受けた場合、「被災者生活再建支援制度」に基づき、国からの支援を受けることができます。

支援金の額面は、「全壊」「大規模半壊」「半壊その他」など、被害の程度に応じて決まります。全壊とは、損壊が甚だしく、補修により再使用することが困難な状態です。大規模半壊とは、柱などの補修を含む大規模な補修を行わなければ、居住することが困難な状態です。半壊とは、損壊が甚だしいものの、補修すれば元通りに再使用できる状態を指しています。

被害者生活再建支援制度では、「基礎支援金」として全壊世帯に100万円、大規模半壊世帯に50万円を支給。さらに、「加算支援金」として住宅を建設・購入する場合に200万円、補修する場合に100万円、賃借する場合に50万円がそれぞれ加算されます（金額はいずれも世帯人数が複数の場合。単数世帯は各4分の3の金額となる）。

なお、一部損壊程度だと、支援の対象外になります。仮設住宅の入居基準についても、国は「災害救助法」に基づく運用で「大規模半壊以上」としています。ただし、度重なる全国の被害の中で、こうした運用は弾力的に見直される場合があります。

さらに、都道府県や市区町村で別途支援策がとられることがあります。関東・東北豪雨で被災した常総市は、国の制度とは別に、独自で再建資金を支給する制度を設け、住宅を建設・購入する全壊世帯に100万円、流失世帯に200万円を上乗せしています。東日本大震災の被災自治体にも同様の例があります。

応急修理すれば自宅に住める場合、自治体によっては修理費を自治体が負担する「住宅の応急修理制度」があります。（限度額59万5000円）。こちらも、状況に応じて弾力的な運用がとられることがあるので、事前に情報収集をしておきましょう。

また、住宅ローン支払い中に被災し、返済が困難になった場合には、銀行に相談してみましょう。全国銀行協会の「自然災害による被災者の債務整理に関するガイドライン」によれば、状況に応じてローンが減免される可能性があります（住宅ローン減免制度）。自己破産や保証人への請求を行うことなく、現実的な解決策を模索する仕組みです。住宅ローンだけではなく、リフォームローンやクレジット債務、自動車ローン、事業性ローン（個人事業主のみ）も対象になります。

住宅ローン減免制度の最大のメリットは、ローンの返済を減免しつつも、手元に多くのお金を残しておけることです。仮に、自己破産を選択したとすると、手元に残せる現金は99万円までとなってしまいますが、住宅ローン減免制度を利用すれば、５００万円まで残せます。この５００万円に加えて、ほかの支援制度に基づくお金があれば、生活を再建しやすいでしょう。

また、自己破産のように信用情報登録機関（いわゆるブラックリスト）に履歴が掲載されることもないため、銀行で新規の住宅ローンを組んで自宅を建設することも可能ですし、クレジットカードを止められることなく、そのまま使うことができます。

しかし、住宅ローン減免制度はあまり知られておらず、金融機関も積極的に紹介せずに、

支援金の支給額（単位：万円）

<table>
<tr><th rowspan="3" colspan="2">区分</th><th>基礎支援金</th><th colspan="2">加算支援金</th><th rowspan="2">計</th></tr>
<tr><th>住宅の
被害程度</th><th colspan="2">住宅の再建方法</th></tr>
<tr><th>1</th><th colspan="2">2</th><th>1+2</th></tr>
<tr><td rowspan="6">複数世帯（世帯の構成員が複数）</td><td rowspan="3">全壊世帯
解体世帯
長期避難世帯</td><td rowspan="3">100</td><td>建設・購入</td><td>200</td><td>300</td></tr>
<tr><td>補修</td><td>100</td><td>200</td></tr>
<tr><td>賃借</td><td>50</td><td>150</td></tr>
<tr><td rowspan="3">大規模半壊世帯</td><td rowspan="3">50</td><td>建設・購入</td><td>200</td><td>250</td></tr>
<tr><td>補修</td><td>100</td><td>150</td></tr>
<tr><td>賃借</td><td>50</td><td>100</td></tr>
<tr><td rowspan="6">単数世帯（世帯の構成員が単数）</td><td rowspan="3">全壊世帯
解体世帯
長期避難世帯</td><td rowspan="3">75</td><td>建設・購入</td><td>150</td><td>225</td></tr>
<tr><td>補修</td><td>75</td><td>150</td></tr>
<tr><td>賃借</td><td>37.5</td><td>112.5</td></tr>
<tr><td rowspan="3">大規模半壊世帯</td><td rowspan="3">37.5</td><td>建設・購入</td><td>150</td><td>187.5</td></tr>
<tr><td>補修</td><td>75</td><td>112.5</td></tr>
<tr><td>賃借</td><td>37.5</td><td>75</td></tr>
</table>

（出所）公益財団法人　都道府県センター

返済の猶予や繰り延べで済ませているケースも多いようです。金融機関とのやり取りに自信がない場合は、最寄りの弁護士会に相談してみてください。

自宅を再建するために、融資を利用する場合は、「災害復興住宅融資」（住宅金融支援機構）を確認してください。この融資は、災害で罹災した住宅の早期の復興を支援するため、災害により滅失・損傷した家屋の復旧に対し、通常より低利な資金を供給する仕組みです。住宅の建設や購入、補修に利用できます。限度額は3620万円で、住宅再建方法により融資限度額、返済期間などが異なります。

【一戸建ての事後対策】もし「床下浸水」「床上浸水」してしまったら

床下であろうと床上であろうと、住宅が一度でも水に浸かってしまったら、後処理は困難を極めます。

まず、床下浸水した場合には、早急に排水する必要があります。木造住宅の場合、水に浸かっている時間が長ければ長いほど、構造体が受けるダメージが大きくなります。

排水後は、カビや害虫の繁殖を防ぐため、床下を完全に乾燥させます。これがなかなか困難な作業で、乾くまでに1カ月以上かかることもザラです。さらに、感染症対策として、消毒も必須になります。

工事用の排水ポンプや扇風機などを活用し、自力で作業することも不可能ではありませんが、中途半端な作業では後々不備が出る可能性が高くなります。一般的には、排水から消毒までセットで業者に依頼する場合が多く、そうなると20万～30万円程度の費用が発生するでしょう。

火災保険に、水災の特約をつけている人も多いはずです。しかし、ほとんどの保険では、水災の保険金が適用されるのは、床上以上まで浸水した場合のみです。原則的に、床下浸水は保険の適用外となるため、こうした費用はほぼ自己負担になります。

床下だけが水に浸かって、室内は見た目では問題がなくても、結果的に床をすべて剝がして交換しなければならない場合もあります。

フローリングの床は、すぐ下にベニヤなどの下地板や断熱材が入っています。畳の場合も同じで、一枚めくれば下地板が入っています。表面のフローリングや畳が無事でも、下地板が水に浸かってしまったら、床全体を剝がすしかありません。一度湿った木材は乾いていく過程で変形しやすく、乾かして使おうとしてもデコボコになってしまうため、結局全面的な交換を余儀なくされることが多くなります。

床下浸水した民家（朝日新聞社提供）

　また、床暖房が入っている場合も、床が張り替えになるような事態では一緒に入れ直しになるケースが多く、コストを膨張させる元凶になります。

　床上浸水となれば、さらに被害は拡大します。

　まず、水に浸かった床や壁は、問答無用で交換です。壁に関しては、一度でも水に浸かってしまうと、内部の断熱材が使い物にならなくなります。断熱材は、通常はグラスウールやロックウールといった繊維製のものが使われていますが、これらは厄介なことに水を吸う性質を持っており、自然に乾くことはほぼありません。そのため、床上浸水後に室内を清掃して、見た目がきれいになったからといって壁をそのままにしていると、内部の断熱材がカビだらけになってしまい、躯体も腐食が進む可能性が高くなります。

実際、どこからともなくカビ臭さが漂ってくるので、壁を剝がしてみたところ、断熱材がまったく乾いておらず、さらに壁紙の下地に用いる石膏ボードもボロボロになっていて、カビの温床になっていた、という事例は星の数ほどあります。

断熱材やボロボロになった石膏ボードを乾かして再利用するのはかなり難しいので、残念ですが、水に浸かったら廃棄以外の選択肢はありません。そのうえで、壁の内部をよく乾かし、新しい断熱材を入れて新しい石膏ボードをその上から張り、壁紙を張り替えるという作業が必要になります。

加えて、木製、布製の家具類も、原則として廃棄です。ソファやカーペット、布団などは泥水を吸水して重くなるうえに、内部で雑菌が繁殖してしまうので、洗浄しても再利用は難しいでしょう。

電力設備も当然水には弱いので、床上浸水すると漏電・停電の発生確率が高くなります。コンセントには、ブレーカーから電流が放電されています。水には電気を流す性質があるので、床上浸水でコンセントから水が入れば、本来流れてはいけないところに電流が流れていき、漏電するリスクが高まります。

乾かしたとしても、水と一緒に泥が入って、同時に微細な不純物が電気回路に流れ込んでいるはずなので、回路のショートなどの異常を引き起こしやすくなります。よって、一度浸水したコンセントをそのまま利用することは、まず不可能となります。

泥水に浸かった電化製品も、ほとんどの場合、壊れてしまいます。泥水と泥水に含まれる不純物が電気回路の隅々まで入り込めば、修理は不可能です。見た目が大丈夫そうだからといって、試しに電化製品の電源を入れたところ、発火したという事例もあります。メーカーに相談してみるのも手ですが、再生できないケースが大半です。

電子レンジやパソコンなどのように、比較的軽い電化製品なら避難できますが、重い冷蔵庫や洗濯機、食器洗浄器などは、床上浸水によって故障しがちです。家の外にあるエアコンの室外機も、水に強そうな印象がありますが、どっぷり浸水すれば、やはり故障してしまいます。

トイレ、浴室、洗面所といった水回り設備、そしてキッチンも、床上浸水すれば全面交換となるものが大半です。家具や家電の交換もお金がかかりますが、水回り設備の交換はその比ではありません。総額３００万～４００万円かかってしまうこともザラです。

大規模な災害の場合、周辺の多くの家が被害を受けていて、なかなか工事の順番が回ってこない場合も多く、トイレもお風呂も使用不能で、家に住んでいられない（仮住まいの場所を探さなければならない）という問題が生じます。

このように、床上浸水の被害は甚大なので、火災保険の水災特約によって補償が受けられたり、自治体からの補償が受けられたりする場合もあります。状況を記録として残すため、被害を受けたら、忘れずに写真を撮っておく必要があります。

ここまで、マンションや一戸建ての住宅に住みながら実践できる、風水害へのさまざまな対策を紹介してきました。わが家を守るためには、手間もコストもかかるということを実感していただけたでしょう。しかし、対策を惜しむと、もっと大きな手間やコストを強いられる可能性があるのです。

災害の多いこの国で生きていくためには、防災対策を怠ることは命取りになる――そんな意識を常日頃から持っておいたほうがいいのかもしれません。

あとがきに代えて

これまでわが国の風水害を中心に、近年の被害の状況や対応策の現状、私たちができるさまざまなノウハウについてお伝えしてきました。もっとも個人でやれることには限界があります。最後に皆さんの暮らす街や不動産・家を守り、減災していくために、国や自治体ができる方策について提言をしてみます。

【提言1】　不動産取引時にハザードマップの説明の「事前」義務化と、不動産市場における資産価格・金融機関の担保評価への反映（国交省・金融庁）

本書でお伝えしてきた通り、不動産市場には災害の可能性やマンションの総合的な管理体制、持続可能性が価格に織り込まれていません。

例えば、駅からの距離や築年数、間取り、グレードなどが同条件のマンションで、浸水可能性のある立地にある場合とそうでない場合でも、両者に価格差はありません。

こうなっているのは国の「不作為」だと思います。不動産売買の際には仲介業者に浸水可能性の説明を即刻義務づけるべきです。不動産の価格査定や金融機関の担保評価にも反映させるべきです。

宅地建物取引業法では、「宅地建物取引業者は取引の相手に対し、契約の際に賃借物件や契約条件に関する重要事項の説明をしなければならない」と定めており、不動産が「土砂災害警戒区域」や「津波災害警戒区域」にある場合も、内容や影響などを個別に確認することが義務付けられています。しかし、実際堤防の決壊や豪雨が降った場合、どのエリアがどの程度浸水するかについては重要事項説明の項目にありません。

前述したように、国土交通省は2019年7月末、業界団体に対し、不動産取引時に住宅購入者などに洪水や浸水のハザードマップの情報を提供するよう通知を出しましたが、あくまでお願いレベルにとどまってきました。

こうしたなか国交省は、不動産売買・賃貸時にハザードマップを提示し、リスクを具体的に説明することを義務付ける方針を公表しました。しかし、これでは不十分です。というのも、実務の上では多くのケースで「重要事項説明」と「不動産売買契約」が同日に行われているためです。宅地建物取引業法では「契約の前に重要事項説明をすること」と規定しているに過ぎません。

契約当日になって、契約者が「ここには浸水リスクがあります」と知ったところで、目の前に売り主がいて、契約のお膳立てがすべて整っていれば、考える時間もなく契約することになりかねません。

２００６年、「耐震診断」や「耐震改修」の促進を目的に、いわゆる旧耐震基準に基づいて建築された建物は、重要事項説明として「耐震診断の有無とその内容」の説明が義務付けられましたが、耐震診断・改修とも全く浸透していません。

また18年には、中古住宅・リフォーム市場活性化を目的に「インスペクション（住宅診断）の説明義務化」がスタートしましたが、同様に全く機能していません。

同じことを繰り返さないためには、「契約の○日前までに重要事項説明を行う、または書類を送付する」という宅建業法改正または省令での規定を行い、説明義務が形骸化しないようにタガをはめるべきです。

【提言2】 災害可能性区域を居住区域から除外する。やむを得ずできない場合には、ハード・ソフトの対策とセットで行う（自治体）

約100年前の1919年に制定された（旧）都市計画法が49年後の1968年に大改正され、市街地は住宅建設を促進する「市街化区域」と、住宅建設を抑制する「市街化調整区域」に分けられました。

それから50年が経ちました。思えば過大に設定された「市街化区域」は、政治的妥協の産物でした。日本は市街化区域に住宅が埋まる前に人口減少社会に突入しました。当時の区分けは、現在も将来も世帯数の間尺に合いません。本来ならもっと早く都市計画の根本的な見直しを行うべきでした。それに取り組まないまま、政府は「立地適正化計画」という、中途半端な政策でお茶を濁そうとしています。

立地適正化計画は、区域の外でも届け出さえすれば住宅を建設できます。補助金をもらえるからと、実質的に市街地をほとんど縮小していない自治体があったり、ハザードマップ上で浸水可能性のある地域も市街化区域に数多く含まれています。

世帯数が減少し、空き家が増え、街がスポンジ化していくと、ただでさえ税収が減る中で、道路や上下水道の修繕、ごみ収集・除雪といった行政サービスの効率はますます悪化し、自治体経営の持続可能性が脅かされます。

今後、自然災害によってインフラ・行政サービスが断絶する危険性が高まることを考慮すれば、リスクの高い土地は市街化区域から外すべきです。また、本格的な人口・世帯数減少時代を踏まえ、「集まって住むこと」を政策化した「居住誘導区域」も、災害可能性のある地域を除外すべきです。

そうしなければ行政コストは膨大になり、行政の責任を問われるリスクもあります。やむを得ず水害可能性のあるところに居住誘導する場合は、そのリスクの説明やハード・ソフト面の対応策を同時に説明すべきです。

こうした決断は選挙に強い首長がいる自治体から始まるでしょう。選挙に弱い首長では、有権者の利害が絡むためになかなか実行しにくいはずです。したがって、住まい選びは「選挙に強い首長がいて、思い切った都市政策を打ち出せるか」も重要な尺度になります。そして言うまでもなく政策を選ぶのは有権者です。すなわち有権者の問題意識がその地域の将来を左右するわけです。思い切った持続可能な都市計画を打ち出す首長を選んだ地域と、そうでない地域で、さまざまな格差が広がるのも仕方ありません。

どんな災害も時間とともに忘れられていきます。東日本大震災の後、タワーマンションの人気も半年ほど低調でしたが、その後人気が回復しました。2019年の台風19号の被害によってタワーマンションの人気が一時的に減るかもしれませんが、また元に戻るのではないでしょうか。

気候変動待ったなしの中、さらなる風水害の増大や、30年以内に70~90パーセントの確率で首都圏直下地震や南海トラフ地震が起きると予想されています。いざという事態に備え、より安全で安心な未来を創りたいものです。

- [ ] 外壁／基礎のクラック
  即補修　　1.0cm～
  早期補修　0.5mm～1.0cm未満
  経過観察　～0.5mm未満

- [ ] 床下点検口と床下空間
  ×無し
  △点検口有りで床下が30cm未満の空間
  ○点検口有りで床下が30cm以上の空間

- [ ] 天窓が無い

- [ ] ひねり金物などで屋根を固定している

- [ ] 雨樋のゆがみ、破損が無い

- [ ] 室内天井／軒天／バルコニー下に雨染みが無い

②風害を避けるために

- [ ] 屋根
  屋根材（瓦、スレートなど）のズレや割れが無い
  瓦屋根の場合、ガイドライン工法で設置されている　○
  ガイドライン工法で設置されていない　×

- [ ] 雨樋のゆがみや破損が無い

- [ ] フェンスや塀のぐらつきが無い

- [ ] 雨戸　×全ての窓に無い
  △1階の窓にある
  ○全ての階に有る

③管理組合の防災強度

マンションの防災対策に関する取り組みは管理組合ごとに大きく異なりますが、下記事項などを確認することにより確認できます。

- □ 防災マニュアルが策定されている
- □ 毎年1回以上防災訓練が実施されている
- □ 防火管理者が選任されている
- □ 消防計画が策定されている

2 一戸建ての災害リスク

①水害を避けるために

- □ 地下や半地下に玄関や駐車場が無い
- □ 地盤面からの基礎高
  ×30cm未満
  △30cm～40cm未満
  ○40cm～45cm未満
  ◎45cm～
- □ 軒の出　柱の中心から軒樋の端まで
  ×25cm以下（ケラバ・片流れは15cm以下）軒ゼロの目安
  △25cm～60cm未満
  ○60cm～90cm未満
  ◎90cm～
- □ 床下の換気方法が基礎パッキン方法
- □ バルコニーのオーバーフロー管が有る
- □ 雨漏りのリスク
  片流れ＞切妻＞寄棟
  ※陸屋根はメンテナンスしてないとハイリスク

付録　減災のためのチェックリスト

1 マンション・一戸建ての災害リスク

①地域に由来するリスク

- □ 洪水（浸水）リスク
  - ・河川の氾濫による浸水リスク
  - ・内水氾濫による浸水リスク
- □ 津波のリスク
- □ 高潮のリスク
- □ 土砂災害のリスク
  ハザードマップポータルサイト
  https://disaportal.gsi.go.jp/
  国土交通省
- □ 地盤リスク（地震時の揺れやすさ）
  地盤サポートマップ　　https://supportmap.jp/

②敷地の形状によるリスク

- □ 敷地内または隣地に２ｍを超える擁壁が設置されている場合には擁壁の劣化状況などを確認することが望まれる
  - ・敷地が道路より高く当該部擁壁などが設置されている
  - ・敷地が道路より低く当該部に擁壁などが設置されている
  - ・隣地と高低差があり擁壁などが設置されている
  宅地擁壁老朽化に対する危険度判定評価
  http://www.mlit.go.jp/crd/city/plan/kaihatu_kyoka/takuchi_gaiyo/02_hantei.htm
  国土交通省

執筆者紹介

長嶋　修（ながしま　おさむ）

不動産コンサルタント。株式会社さくら事務所代表取締役会長。1999年、業界初の個人向け不動産コンサルティング会社「株式会社さくら事務所」を設立。「中立な不動産コンサルタント」としてマイホーム購入・不動産投資などのノウハウ提供や、業界・政策への提言を行う。メディア出演多数。著書に『不動産格差』『100年マンション』（日経プレミアシリーズ）ほか多数。

土屋　輝之（つちや　てるゆき）

マンション管理コンサルタント。さくら事務所執行役員。
不動産売買及び運用コンサルティング、マンション管理組合の運営コンサルティングなど、長年にわたって経験後、株式会社さくら事務所に参画。不動産関連資格も数多く保持し、深い知識と経験を織り込んだコンサルティングで支持される不動産売買とマンション管理のスペシャリスト。

田村　啓（たむら　けい）

ホームインスペクター。さくら事務所経営企画室。
大手リフォーム会社に勤務し、主に木造一戸建て、中・大規模リフォームの営業・設計・現場管理を行う。その後、株式会社さくら事務所に参画。ホームインスペクション部門のインストラクター、個人向け一戸建・マンション・収益物件インスペクション、法人向け建築品質コンサル・相談窓口など幅広く活躍中。

日経プレミアシリーズ　429

災《さい》害《がい》に強《つよ》い住《じゅう》宅《たく》選《えら》び

二〇二〇年五月八日　一刷

著者　長嶋 修
さくら事務所

発行者　白石 賢
発行　日経ＢＰ
日本経済新聞出版本部
発売　日経ＢＰマーケティング
〒一〇五―八三〇八
東京都港区虎ノ門四―三―一二
装幀　ベターデイズ
組版　マーリンクレイン
印刷・製本　凸版印刷株式会社

ISBN 978-4-532-26429-1　Printed in Japan

日経プレミアシリーズ397

世界経済　チキンゲームの罠

滝田洋一

神経戦続く米中貿易摩擦、遠心力強まるEU、新たな冷戦と景気減速、投資資金巻き戻しで動揺するマーケット——。国際情勢は、当事者たちが振り上げた拳を下ろせない「チキンゲーム」の様相を呈している。日経編集委員・WBSキャスターが、複雑さを増す世界地図を描く。

日経プレミアシリーズ340

不動産格差

長嶋　修

アベノミクスや東京五輪の恩恵を受ける物件はほんの一握り。大半の不動産は下がり続け、全国の空き家比率は3割に向かう。あなたのマイホームや両親の家は大丈夫ですか？——。人口減、超高齢化時代における住宅・不動産の見極め方、つきあい方を教えます。

日経プレミアシリーズ383

100年マンション

長嶋　修

目指すは「100年マンション」——。あなたの住むマンションが、資産性を維持しつづけるか、限りなく価値ゼロに向かうかは、ひとえに「管理状態」で決まる。不動産業界のご意見番で、「建物調査」のトップランナーが、管理組合の運営から、大規模修繕計画のつくり方、管理会社や工事会社とのつきあい方、選び方まで指南。

日経プレミアシリーズ 177

昆布と日本人

奥井　隆

明治維新で倒幕資金の源になった、山の養分で味が決まる、ヴィンテージの仕組みはワインと同じ……。知っているようで、意外に知らない「母なる海産物」の魅力・秘密の数々。創業１４０年を誇る昆布商の主人が歴史から、「うま味」の本質、おいしい食べ方まで、昆布の興味深い話をていねいに伝えます。

日経プレミアシリーズ 046

リンゴが教えてくれたこと

木村秋則

自然には何一つ無駄なものはない。私は自然が喜ぶようにお世話をしているだけです――。絶対不可能と言われたリンゴの無農薬・無肥料栽培を成功させ、一躍時の人になった農業家が、「奇跡のリンゴ」が実るまでの苦難、独自の自然観、コメや野菜への展開を語るとともに、農薬と肥料に依存する農のあり方に警鐘を鳴らす。

日経プレミアシリーズ 084

ほんとの野菜は緑が薄い

河名秀郎

有機マークが付いていれば農薬の心配はないのか、「無添加」表示があれば安全なのか。数ある情報の中からほんものを見分けるためには？　農薬も肥料も使わない「自然栽培野菜」の普及に携わり続けた著者が語る、食を取り巻く衝撃の事実。そして、自然の野菜に学ぶ真のナチュラルライフ、心地のいい暮らし方とは？

日経プレミアシリーズ 322

世界経済 まさかの時代

滝田洋一

Brexit（英EU離脱）で再びくすぶる欧州銀行危機。なぜ今、尖閣諸島に中国漁船が押し寄せるのか？ 黒田緩和とヘリコプターマネーの分かれ目。トランプの経済政策とアベノミクスの意外な類似点とは――？「まさかの事態」が次々と発生する世界を、日経編集委員が読み解く。好評の『世界経済大乱』第2弾。

日経プレミアシリーズ 381

朝イチのメールが残業を増やす

菅原洋平

朝一番で届いたメール案件に対処しているうち、気がつけば重要な仕事を先送りしてしまったという経験はありませんか――。脳のリハビリテーションを専門とする作業療法士が、脳の仕組みと体のリズムを活かして仕事のやり方を見直し、生産性を高める方法を伝授。すぐに試せる「働き方改革」の本。

日経プレミアシリーズ 364

2030年 未来への選択

西川 潤

未来は占うものではなく、私たちがどのように関わり、何をどう選択するかによって決まる――。人口、食料、エネルギー、資源、成長率などの公的予測をもとに、世界ガバナンスのシナリオ、資本主義の変容、ポストグローバル化のゆくえまで、2030年の世界像を深掘りする。

日経プレミアシリーズ 360

「北の国から」で読む日本社会

藤波 匠

フジテレビで１９８１年から２００２年にわたって放映され、国民的な人気ドラマとなった「北の国から」。ドラマの背景となっている日本社会の激動を、東京への人口移動、大量消費社会の台頭、農業の衰退、バブル崩壊、交通事情の変化、恋愛の変遷、受験戦争、ゴミ問題など象徴的な切り口から分析する。

日経プレミアシリーズ 302

人口減が地方を強くする

藤波 匠

「人口の東京一極集中による地方の消滅」という発想に支配される地方活性化策。それは、若者を補助金頼みの地方定着へと誘い、人口バランスに大きなゆがみを生じさせます。たとえ人口が減っても、地方は豊かな暮らしの場となれるはず。人口減を受け入れることで見えてくる、地方再生の新たな道を示します。

日経プレミアシリーズ 388

どうする地方創生

山崎史郎・小黒一正

いまだ「道半ば」の観もある地方創生。何が障壁になっているのか。事業の優先順位が絞れない、担うべき人材がいない、運営する組織が構築できない……。２０２０年から始まる第二期に向けて、どう課題を克服して、事業を展開していくのか。初代の地方創生総括官をはじめ、研究者、実務家、行政官などの有力識者が、成功事例の紹介もまじえ徹底討論する。

日経プレミアシリーズ423

子供が消えゆく国

藤波 匠

２０１９年、日本人の出生数が90万人を大きく割り込み、86万人に急減。本格的な人口減少時代に足を踏み入れたことを認識すべきだ。出生数の減少をできるだけ押しとどめ、人口減少による人手不足を逆手にとってチャンスに変える方策を、緻密なデータ分析と実地調査をもとに示す。

日経プレミアシリーズ424

円相場の終わり

小栗 太

円相場が衰弱しつつある。コロナ・ショックは最後の打ち上げ花火にすぎない。金利が各国とも最低レベルにあり、超高速の自動発注システムが相場を支配する。このまま為替相場は終焉を迎えてしまうのか。四半世紀にわたって相場をみてきた日経のベテラン記者が、マネー経済の本質的な変化を伝える。

日経プレミアシリーズ419

中国 人口減少の真実

村山 宏

13億か14億か、正確な数字さえ分からない中国の人口。だが、確実なのは人口が減少することだ。家族のあり方、個人の生き方、都市生活事情から、経済問題、社会保障、対外関係まで、人々の日常を伝えるニュースを手がかりに、人口減少問題に直面する中国社会のいまを活写し、人口減少後を展望する。